REAL VALUE
BIG SHOT

REAL VALUE
BIG SHOT

리얼밸류 빅샷 20

REAL VALUE
BIG SH◉T

ESG 시대 세상의 가치를 담다

리얼밸류
빅샷 20

박용삼·우정헌·민세주 지음

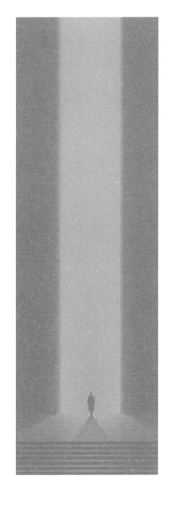

임앤임북스

빅샷(Big Shot)
중요한 사람 또는 거물

매년 1월, 스위스의 휴양도시 다보스에서는 전 세계 최대 민간 회의체인 세계경제포럼 연차총회(일명 다보스포럼)가 열립니다. 주요 국제기구 및 각국 중앙은행, 정부 관계자, 학자, 언론인, 정치인, 기업 리더들이 모여 세계경제의 현안과 주요 이슈에 대해 논의하고 대응 방안에 대해 지혜를 모으는 자리입니다. 민간 주도의 회의체이지만 '세계경제올림픽'으로 불릴 만큼 권위와 영향력이 매우 큰 행사입니다.

2023년의 주제는 '분열된 세계에서의 협력Cooperation in a Fragmented World'이었는데, 현장에 직접 참석해서 지켜본 분위기는 사뭇 심각했습니다. 코로나19, 러시아-우크라이나 전쟁, 글로벌 경기 침체, 기후 위기 등에 대해 열띤 발표와 토론이 이어졌습니다. 주요 이슈의 대응 방안에는 전문가들에 따라 이견이 있겠으나 상황 파악에 있어서만큼은 의견이 일치했습니다. 이제 세계경제는 다수의 부정적 요인들이 동시에 존재하는 다중위기Polycrisis 상황으로 진입했다는 것입니다.

세계경제는 지금 안갯속을 걷고 있습니다. 미-중 간 패권 경쟁으로 대표되는 극심한 지정학적 분열로 인해 공들여 쌓아왔던 '글로벌 경제' 패러다임이 흔들리고 있습니다. 코로나19 팬데믹이 종식되면 좀 나아질 거라는 예상도 단지 희망 사항에 그치고 있습니다. 해가 갈수록 심각해지는 이상기후 현상도 이제 더 이상 이상Abnormal이 아닌 일상^{Normal}이 되어버렸습니다. 전 세계 공급망 혼란과 인플레이션 등의 불안 요인에 사회 양극화가 더해지면서 사회적 갈등을 고조시키고 있습니다.

지금 우리는 언제, 어디서, 어떤 모습의 위기에 직면할지 모르는 상시위기^{常時危機}, 초^{超}불확실성의 시대를 살고 있습니다. 실타래처럼 얽히고설킨 변수들 속에서 중심을 잘 잡는 것이 그 어느 때보다 중요하고, 특히 경제의 버팀목인 기업이 방향을 잘 잡아 나아가야 합니다. 최근 기업의 지속가능성^{Sustainability}이 부쩍 강조되고, 재무적 성과에 더해 비재무적 요소까지 고려하는 ESG^{Environmental,Social,Governance}가 요구되는 것도 이런 이유입니다.

포스코는 창립 50주년이 되는 2018년에 회사의 존재목적이자 새로운 경영이념으로 기업시민$^{Corporate Citizenship}$ 이념을 선포했습니다. 몇 해 후 사회적으로 부상한 ESG에 대한 대응도 기본적으로 기업시민의 큰 틀 속에서 이루어지고 있습니다. 2020년에 국내 최초로 ESG 전담 부서를 발족한 데 이어, 2021년에는 이사회 산하 전문위원회에 ESG위원회를 신설했습니다.

2022년 3월에는 지주사 체제로 전환하며 기업시민을 비즈니스에 구현하기 위한 구체적 경영 모델로 '리얼밸류 경영$^{Real Value Management}$'

을 선언했습니다. 창립 이래 축적된 유·무형 자산을 기반으로 경제·환경·사회적 가치, 일명 트리플바텀라인^{TBL, Triple Bottom Line}을 동시에 창출하는 전략적 틀로서 리얼밸류캔버스^{RVCC, Real Value Creating Canvas}를 제시했고, 주력인 철강뿐 아니라 이차전지소재, 리튬/니켈, 에너지, 친환경 인프라, 수소, 식량 등 그룹의 핵심사업에 이를 적용하고 스토리로 전파하는 단계에 이르렀습니다.

리얼밸류 경영은 기업이 사회와 함께 발전하고 모든 이해관계자와 소통하고 공감하며 더 큰 가치를 창출해나가는 구체적인 메커니즘입니다. 매년 가을, 그룹 CEO 휘하 전체 임원진이 모여 국내외 경영현황을 진단하고 미래 성장 전략을 논의하는 '포스코포럼^{POSCO Forum}'의 주제도 리얼밸류입니다. 2022년 8월에는 '리얼밸류 스토리로 친환경 미래를 열다'는 주제로 개최되었고, 2023년 9월에는 '리얼밸류 경영, 세상의 가치를 담다'라는 주제로 열릴 예정입니다. 기업시민 경영이념 아래에서 이루어진 많은 고민과 노력이 이제 진정한 가치를 창출하기 위한 그룹 차원의 노력으로 정렬되고 구체화되고 있는 것입니다.

이번에 포스코경영연구원의 ESG경영연구실을 주축으로 리얼밸류 경영을 소개하는 단행본을 발간하게 되어 매우 자랑스럽게 생각합니다. 이 책은 팬데믹을 전후로 경제 뉴스를 장식했던 글로벌 기업 경영자들의 성공 비법을 리얼밸류 경영의 프레임워크로 분석해냅니다. 사회가 회사에 주는 가치$^{Value\,to\,Business}$뿐 아니라 회사가 비즈니스를 통해 사회에 미치는 가치$^{Value\,to\,Society}$도 함께 고려하는 '이중 중대성$^{Double\,Materiality}$'의 관점도 잘 반영하고 있습니다.

이 책의 내용이 포스코그룹뿐만 아니라 우리나라의 많은 기업이 당면한 불확실성과 위기를 헤쳐 나가는 좋은 실마리를 제공하리라 확신합니다. 더 이상 ESG의 E(환경)와 S(사회)를 규제 리스크로 인식하지 않고, 오히려 새로운 가치를 창출할 수 있는 기회로 바라볼 수 있을 것이라 기대합니다. 또 단순히 투자자를 위한 정보 공시로서의 ESG 대응을 넘어 환경과 사회를 회사의 비즈니스에 접목^{Embedding}함으로써 진정으로 사회에 기여하는 비즈니스 변혁^{Transform}에 이르는 좋은 길잡이가 되어줄 것을 희망합니다.

그린 스완$^{Green\,Swan}$과 회색 코뿔소$^{Grey\,Rhino}$가 배회하는 초불확실성의 시대에 지속가능한 성장을 꿈꾸는 분들에게 일독을 권합니다.

2023년 8월 7일

포스코경영연구원 원장

고준형

리얼밸류 경영이란 무엇인가

인류가 발명한 최고의 발명품이 기업이라는 데 전 세계 많은 학자
가 동의한다. 특히 주식회사로 대표되는 현대의 기업 체제는 인류가
한 번도 경험해보지 못한 물질적 풍요를 가져왔다.

기업은 제품과 서비스를 만들어내는 생산자이자 공급자이며, 일
자리를 창출하는 고용주인 동시에, 장비와 설비에 투자하고 인재 계
발과 지식 발전에 기여하는 투자자로서의 역할을 충실히 수행해왔다.
이러한 역할을 맡아 경제적 가치와 이윤을 창출하는 것이 기업의 본
질적인 소임이었고, 이는 인류의 경제적 번영을 최일선에서 이끌어온
원동력이 되었다. 내부적으로 엄청난 자원을 가지게 된 기업의 추진
력은 이제 웬만한 정부의 힘을 능가한다.

그러나 모든 작용作用에는 반작용反作用이 따르는 법이다. 기업의 힘

이 커지는 데 비례해 그에 상응하는 올바른 역할을 요구하는 목소리도 점점 더 커져왔다. 기업이 가져온 물질적 풍요와 급격한 글로벌화의 이면으로 환경 문제와 사회적 격차, 물질만능주의 등의 폐해가 발생하기 시작했다. 그래서 기업이 경제적 가치와 이윤을 추구하는 것만으로는 부족하다는 지적이 제기되었다.

특히 닷컴 버블 붕괴(2000)와 글로벌 금융위기(2008)를 겪으며 기존의 기업 운영과 성공 방식에 의문이 제기되었다. 관건은 과연 이윤이 기업의 유일무이한 목표여야 하느냐로 귀결된다. 그리고 그렇게 벌어들인 이윤이 소수 자본가의 주머니만 채워주고 사회 전반적으로는 빈부 격차와 양극화가 점점 더 심화되는 현실을 그대로 용인해도 되는지 논란이 계속되었다. 이러한 문제의식은 2011년 월가 점령 시위^{Occupy Wall Street}를 계기로 구체화되었다. 빈부 격차 심화와 금융기관의 부도덕성에 문제를 제기하기 위해 미국 뉴욕 맨해튼 섬에 위치한 세계경제와 자본시장의 중심 거리인 월가에 사람들이 모여 시위를 벌인 것이다. 비록 73일 만에 시위는 막을 내렸지만 주주 자본주의와 금융기관의 문제점에 대해 전 세계에 경종을 울렸다는 점에서 상징적 의미가 컸다.

이렇듯 지금까지의 성장 지상주의^{Growth for Growth's Sake}와 주주 자본주의^{Shareholder Capitalism}에 대한 회의론이 쌓여가면서 기존의 기업 경영 방식을 어떻게 손질할지에 대한 논의도 차츰 구체화되기 시작했다. 급기야 브레이크 없는 기업의 질주로 인해 인간 삶의 터전인 지

구환경까지 위협받는 지경에 이르자 국제사회는 파리협정^{The Paris}
Agreement (2015)을 통해 우선 기업의 환경 파괴 행위에 대해 제동을 걸기로 합의하기에 이른다.

그 후 2019년 12월에 발생한 코로나19 팬데믹은 지금까지 익숙했던 거의 모든 질서와 관행을 원점에서 다시 성찰해보는 계기를 제공했다. 한 번도 겪어보지 못한 가공할 전염병 앞에서 대다수 정부가 우왕좌왕하는 사이에 각국의 기업이 조용히 팔을 걷고 나섰다. 급속도로 확산하는 바이러스에 대응하는 과정에서 의료 기기와 위생방역 용품의 공급이 어려워지자, 많은 기업이 본업을 잠시 미루고 자사의 공장과 설비를 활용해 의료 현장과 방역에 필요한 각종 의약품, 방역용품 및 구호품을 최우선으로 생산하고 안정적으로 공급하는 데 적극적으로 나섰다. 더 나아가 회사 시설을 경증 환자와 의료진을 위한 임상 시설, 격리 시설로 사용할 수 있도록 기꺼이 내놓는 모습을 보였고, 급기야 코로나19 퇴치를 위한 백신까지 초스피드로 개발해내는 업적을 이뤄냈다. 역시 인류의 희망은 기업밖에 없음을 재확인하는 순간이었다.

코로나19가 종식되어 가는 지금, 기업이라는 존재에 대해 차분히 생각해봐야 할 시점이다. 기업이 지금까지 물질적 풍요와 기술 문명을 일궈냈으나, 그 부작용으로 각종 환경·사회 문제들이 발생한 것은 분명하다. 그럼에도 기업에 기댈 수밖에 없는 현실적 상황을 찬찬히 짚어보면 앞으로 기업의 바람직한 역할은 무엇일지 실마리를 찾을 수 있을 것이다. 기업은 왜 존재하는가? 기업의 목적함수는 무엇이어야 하는가? 기업과 사회의 관계는 어떠해야 하는가? 이런 질문에 대해 이제 문제 제기를 넘어 답을 해야 할 시점이다. 기업의 목적^{Purpose}과 가치^{Value}를 리셋할 시점인 것이다.

자본주의 진화에 따라
'가치'를 보는 시각을 바꿔야
...

2020년, 클라우스 슈밥$^{Klaus\,Schwab}$ 회장이 이끄는 세계경제포럼^{WEF,} $^{World\,Economic\,Forum}$은 다보스 선언$^{Davos\,Manifesto}$을 통해 기업의 보편적 목적을 재정의했다. 기업의 목적은 모든 이해관계자와 공유할 수 있는 가치를 지속적으로 창출하는 것이며, 이를 위해 기업의 장기적 번영을 추구하는 정책과 의사결정에 다양한 이해관계자를 함께 참여시켜 서로 조화를 이루어나가야 함이 강조되었다. 특히 "기업은 부^{富}를 창출하는 경제적 단위 그 이상이며 인간과 사회의 염원을 실현하는 존재"여야 한다는 말이 다보스의 생각을 압축적으로 보여준다. 이제 기업이 추구해야 할 가치는 수면 위에 떠 있는 빙산의 윗부분, 즉 주주 가치에 한정되어서는 안 되며, 물속에 잠겨 보이지 않던 이해관계자 전체의 가치를 고려해야 한다는 의미다.

미국 시카고 대학교의 정통 금융경제학자인 라구람 라잔^{Raghuram}

Rajan 교수도 "진정한 기업의 가치는 모든 이해관계자의 비非경제적 측면까지 포괄하는 큰 틀에서 이해되어야 함"을 강조한다. 세계 최대 자산운용사인 미국 블랙록의 래리 핑크Larry Fink 회장도 2022년 주주 서한에서 "기업은 이해관계자를 위한 가치를 창출하고 인정받아야 하며, 이를 통해 자본은 효율적으로 배분되고 기업은 지속 성장한다."라고 주장한 바 있다.

부모가 자식에게 베푸는 사랑의 무게가 평소의 용돈 액수나 결혼할 때 마련해주는 혼수 비용으로 환산될 수 없듯이, 기업이 만들어내는 가치도 경제적 가치와 함께 비경제적 가치를 동등하게 고려해야 한다. 주주뿐 아니라 기업 경영에 직간접적으로 영향을 주고받는 모든 이해관계자를 고려한 이해관계자 자본주의Stakeholder Capitalism 시대가 된 것이다. 최근에 불고 있는 ESG 열풍도 결국은 환경Environment, 사회Social, 지배구조Governance를 중심으로 주주뿐 아니라 다양한 이해관계자를 위해 기업 경영을 올바르게 해달라는 요구가 응집되어 나타난 결과로 해석 가능하다.

그럼 이제 기업의 가치를 어떻게 재단해야 할까? '가치'라는 단어 자체가 추상적이기 때문에 진정한 기업 가치가 무엇이냐에 대해서는 학자들 간에도 의견이 엇갈린다. 물론 주식의 가치, 즉 주가株價가 시장에서 기업의 가치를 대변하는 중요한 척도임에는 분명하다. 하지만 주가는 기업의 기본 체질(펀더멘털) 외에 시장에서 유통되는 유동성 수준과 인간의 비이성적 투기 심리에 크게 좌우되기 때문에 기업의 본질적 가치를 온전히 나타낸다고 보기에는 한계가 있다. 특히 지금과 같은 정치·사회·경제의 격변기일수록 주가가 기업의 진정한 가치를 제대로 반영하지 못할 공산이 더욱 커진다.

장기적 가치 투자의 대가 워런 버핏Warren Buffett은 인간의 공포와 탐욕Fear and Greed이 기업의 진정한 가치와 관계없이 주식시장의 변동성을 좌우하는 2가지 요인이라고 언급한 바 있다. 미국 CNN은 이를 수치화해 주식시장의 움직임을 나타내는 중요한 심리 지수로 발표하기도 했다. 즉 주가는 기업의 진정한 가치보다 높을 수도 있고 낮을 수도 있기 때문에 주가만으로 기업의 가치를 판단하는 것은 불완전할 수밖에 없다.

게다가 시대 조류가 주주 자본주의에서 이해관계자 자본주의로 진화하고 있는데도 여전히 주주 입장에서의 가치인 주가만 가지고 기업의 가치를 가늠하려는 시각은 다분히 시대착오적이다. 만유인력을 발견한 아이작 뉴턴(1642~1727)조차 1720년 영국 주식시장 버블 붕괴로 전 재산의 90%를 잃은 후에 "천체의 움직임은 계산할 수 있어도 인간의 광기는 계산할 수 없다."라고 하지 않았던가.

아마존의 설립자 제프 베조스는 2018년 이코노믹 클럽The Economic Club과의 인터뷰에서 "주가는 기업이 아니고 기업은 주가가 아니다. 주가가 잘못된 방향으로 갈 때도 기업은 올바르게 갈 수 있다. 인터넷 버블로 주가가 추락할 때 아마존의 고객, 품질, 수익 구조는 오히려 더 좋아졌다."라고 한 바 있고, 워런 버핏도 CNBC 등 언론기사를 통해

"버크셔 해서웨이에는 주식 상황판이 없다. 주가에 일희일비하지 말고 펀더멘털을 기반으로 회사의 주인처럼 장기적 가치 투자가 필요하다."라고 강조한 바 있다.

포스코그룹,
리얼밸류 경영을 추구하다
...

리얼밸류 경영은 포스코그룹이 추구하는 새로운 가치 창출 철학이다. 2022년 3월, 포스코그룹은 지주사 체제를 출범하면서 "리얼밸류 경영을 통해 그룹의 가치를 획기적으로 높이고 그룹 역량과 미래 성장 잠재력을 실현해 리얼밸류 프리미엄을 창출"하겠다고 선언했다. 여기서 리얼밸류Real Value란 말 그대로 기업의 진짜Real 가치Value, 다시 말해 기업이 비즈니스를 통해 만들어내는 모든 유·무형 가치의 총합을 말한다. 주식 가치만으로 표현되지 못하는 기업의 본질적 가치, 나아가 사회 공동체의 일원으로서 사회 구성원들에게 제공하는 총가치로 이해할 수 있다.

리얼밸류에는 매출, 영업이익, 주가 등과 같은 재무적 가치뿐 아니라 돈으로 당장 환산하기 어려운 비非재무적 가치가 상당 부분 포함된다. 창출된 가치를 통해 혜택을 받는 대상 또한 주주만이 아닌 기업을 둘러싼 다양한 이해관계자와 환경·사회 전체로까지 확장된다. 따라서 리얼밸류 경영이 작동하기 위해서는 먼저 이해관계자 전체를 대상으로 경제뿐만 아니라 환경 및 사회적 측면까지 포괄하는 좀 더 큰 사고의 틀이 필요하다. 2007년 유엔^{UN}이 채택한 트리플바텀라인^{TBL,} Triple Bottom Line 프레임워크는 경제적 가치^{Single Bottom Line}와 함께 환경적, 사회적 가치를 동시에 고려하기 때문에 기업의 지속가능성을 분석하는 보편적 원칙으로 널리 활용되고 있다. TBL 프레임워크를 차용하면 리얼밸류가 추구하는 다양한 이해관계자를 위한 재무적 가치와 비재무적 가치를 포괄할 수 있다.

이를 조금 더 쉽게 설명하면 다음 그림과 같다. 기업이 경영 활동을 통해 창출하는 여러 재무적·비재무적 가치를 마름모의 전체 넓이

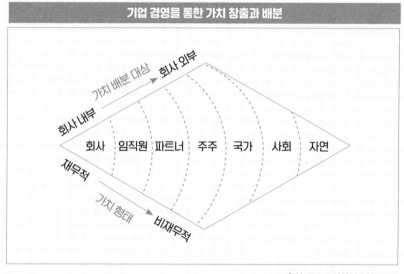

기업 경영을 통한 가치 창출과 배분

출처: 포스코경영연구원(2021)

로 나타내보자. 그런데 기업이 가치를 만들어내려면 우선 회사라는 조직을 세워야 하고, 주주들로부터 자본을 지원받아야 하며, 생산을 담당할 임직원을 고용해야 한다. 그리고 밸류체인 전방의 공급 업체로부터 원자재를 공급받아 제품과 서비스를 생산한 후, 후방의 고객들에게 판매해야 한다. 이 중 하나만 없어도 기업은 망망대해에 떠 있는 섬에 불과할 것이다.

여기서 끝이 아니다. 사업장이 위치한 지역사회의 지지가 있어야 하고, 중앙 및 지방정부로부터 여러 인허가와 법적 보호를 받아야 한다. 인근 지역의 산, 강, 바다 등의 자연환경도 기업이 정상적인 사업 활동을 영위하는 데 매우 중요한 조건이다. 즉 그림의 마름모 넓이에 해당하는 전체 가치는 다양한 이해관계자가 각자 입장에서 기여하는 가치들이 모여 만들어지는 것으로 볼 수 있다.

따라서 기업의 바람직한 역할은 최종적인 가치 창출에 기여한 선수들Players, 즉 임직원, 공급사, 고객, 주주, 국가, 지역사회, 자연환경에 대해 각각 기여한 만큼의 합당한 몫을 재무적 혹은 비재무적 형태로 배분하는 것이다. 앞서 그림의 마름모 안에서 각 영역이 설명하는 부분이 여기에 해당한다. 어찌 보면 지극히 당연한 이러한 셈법이 바로 리얼밸류 경영이 추구하는 지향점이다.

이런 의미에서 리얼밸류 경영은 고매한 이론이라기보다 오히려 일반 상식에 더 가깝다. 다만 지금까지는 여러 이유와 핑계를 대고 관행을 방패 삼아 이러한 당연한 상식을 비껴가려 했던 일부 기업들이 문제였다. 또한 손에 잡히지 않는 비재무적 가치의 크기를 측정하고 그 몫을 나누는 것이 사실상 어렵기 때문에 눈에 보이는 재무적 가치에만 더 집중했던 부분도 있다. 하지만 관행이라고 해서, 어렵다고 해서 상식을 비껴갈 수는 없다. 결국 리얼밸류 경영은 기업의 당연하고도 바람직한 존재목적에 대한 재확인이라고 할 수 있다.

'찐' 가치를 추구하는
리얼밸류 경영
...

리얼밸류 경영의 특징은 크게 2가지로 설명할 수 있다. 우선 창출하는 가치의 내용을 보면 무늬만 그럴듯한 가치가 아닌 '찐眞,Real' 가치를 추구한다. 그리고 가치를 창출하는 방법에서는 허공에 공허한 모래성을 쌓는 게 아니라 지금까지 회사가 차근차근 축적해온 각종 유·무형 자산으로부터 더 큰 가치를 창출할 방법을 모색한다. 좀 더 자세히 알아보자.

먼저 리얼밸류 경영은 시대정신에 부합하는 '찐' 가치를 추구한다. 그래서 이름부터 리얼밸류다. 여기서 '찐 가치'는 경제, 사회의 발전에 따라 그 내용과 맥락이 달라지는 일종의 무빙타깃Moving Target일 수밖에 없다. 춥고 배고픈 시대라면 따뜻한 집에서 안전하게 지내며 먹고 사는 것이 가장 큰 가치였고, 등 따숩고 배부른 시대라면 행복과 자아

실현 등이 최고의 가치가 되기 마련이다. 따라서 시대 상황에 부합하는 정확한 사회적 요구를 파악하는 것이 중요하며, 사회적 갈등의 핵심적인 원인을 찾아 해소해주는 것이 바로 상황에 가장 어울리는 리얼밸류 경영이다.

과거 한 시대를 선도했던 기업가들도 리얼밸류라는 이름만 쓰지 않았지 사실상 모두 '이윤+α(사회적 니즈)'를 추구하며 나름의 리얼밸류를 창조해왔다고 할 수 있다. 1920년대 대량생산 시대를 이끈 미국의 헨리 포드$^{Henry Ford}$는 중산층 확대를 통해 사회와 기업이 윈윈$^{Win-win}$하는 모델을 창조했다. 즉 회사는 컨베이어 시스템을 통한 대량생산 방식을 채택해 원가를 절감하고 매출과 수익을 크게 신장시킬 수 있었다. 사회적으로는 미국인들에게 포드 공장에서 일할 수 있는 양질의 일자리를 제공함으로써 개인 소득을 향상시키고 저렴한 자동차를 공급해 마이카$^{My Car}$의 꿈을 실현할 수 있게 해준 것이다.

최근으로 눈을 돌려보자. 1980년대 지식정보화 시대를 이끈 미국의 빌 게이츠$^{Bill Gates}$도 디지털 혁명을 불러일으키며 마이크로소프트^{MS} 제국을 건설했다. 회사는 마이크로소프트 윈도우$^{MS-Windows}$라는 컴퓨터 운영체계^{OS} 소프트웨어 분야를 개척해 시장을 선점하고 거의 독점적인 수익을 향유할 수 있었다. 사회적으로는 PC를 대중화시켜 인류의 정보 니즈를 충족시키고 기술 문명을 한 단계 끌어올림과 동시에 수많은 IT 벤처를 위한 생태계를 창조하고 창업 붐을 이끌었다.

이처럼 리얼밸류 경영은 현재의 시대정신을 반영해 기업이 추구해야 할 가치가 무엇인지를 제시하는 틀로 이해할 수 있다. 지금까지의 경영 방식에서는 기업이 창출하는 가치는 곧 경제적 가치를 의미했고, 환경·사회 측면에서 중요한 이슈들은 경제적 가치를 창출하는데 위협이 되는 리스크^{Risk}로 인식해왔다. 그렇기 때문에 기업은 환경적·사회적 규제에 대응하고 법적·윤리적 책임을 다하는 것이 최선이라고 생각해왔다.

반면 리얼밸류 관점에서 기업의 가치는 '경제·환경·사회적 가치$^{Triple Bottom Line}$' 모두를 포괄한다. 그렇기 때문에 환경·사회 측면은 더 이상 기업 활동을 제한하고 한계를 정해주는 미리 설정된 제약조건^{Constraint}이 아니라, 기업 활동을 통해 극대화해야 하는 목적함수$^{Objective Function}$가 된다. 즉 새로운 경쟁우위의 원천이자 가치 창출의 동인$^{Value Driver}$으로 작용하게 된다. 결국 이윤에 더해 사회 니즈를 충족시키고 이해관계자 가치를 창출하는 기업만이 사회적으로 받아들여질 수 있고, 일종의 운영 자격$^{License to Operate}$을 확보한다고 하겠다.

리얼밸류의 원천으로
유·무형 보유 자산에 주목

...

리얼밸류 경영의 두 번째 특징은 가치 창출의 원천으로 보유 자산의 잠재력에 주목한다는 점이다. 회사가 보유한 유·무형 자산은 다른 기업이 쉽게 모방할 수 없는 고유 역량이기 때문에 차별화된 가치를 만들어낼 수 있는 매우 강력한 수단이자 디딤돌이다. 1990년대 이후 경영학계에서도 기업 내부의 자원·역량을 중시하는 자원기반 경쟁전략Resource-based View이 대세를 이루고 있다. 1990년에 미국 미시간 대학의 프라할라드C.K.Prahalad 교수와 영국 런던 비즈니스 스쿨의 게리 하멜Gary Hamel 교수가 주장한 핵심역량Core Competency 이론도 그 맥을 같이 하는데, 기업의 경쟁우위Competitive Advantage는 다양한 형태의 유형·무형·인적 자원과 이를 동원할 조직 능력에서 발현된다고 본다.

그렇다면 어떻게 자산을 기반으로 리얼밸류를 높일 수 있을까. 먼저 유·무형 자산을 보는 시야를 확장하고 의미를 재해석하는 것이 필요하다. 도표를 보자. 기존의 주주 가치 렌즈로 보면 설비, 시스템, 기술, 자금, 사업 포트폴리오 등의 보유 자산들은 경제적 가치, 즉 이윤 제고를 위한 수단이었다. 하지만 이해관계자 가치 렌즈, 혹은 TBL의 렌즈를 가지고 이들 자산을 강화, 결합, 재발견할 방법을 모색한다면 이윤Profit을 넘어 경제·사회·환경 관점에서 더 큰 목적Purpose 달성을 도모할 수 있다.

좀 더 구체적으로 설명하자면, 회사가 보유하고 있는 자산 중에서 여전히 강력하며 지속 발전시켜야 할 자산은 '강화(+)'하고, 외부의 새로운 자산과 시너지를 발휘해 더 큰 가치 창출이 가능한 자산은 '결합(×)'하며, 지금까지 별로 주목받지 못했으나 새로운 가치를 창출할 잠재력이 있는 자산은 '재발견(!)'하는 것이 리얼밸류 경영의 출

주주 가치 렌즈

유·무형 자산들을 경제적 가치 측면으로만 해석

이해관계자 가치(TBL) 렌즈

유·무형 자산들을 TBL 관점에서 확장·결합·재발견

출처: 포스코경영연구원(2021)

발이다. 이러한 리얼밸류 관점은 기업의 지속가능한 성장으로 이어지며, 우리나라 많은 기업이 꿈꾸는 100년 기업^{Centennial Company} 건설의 토대가 된다.

리얼밸류 경영은
신新블루오션 창출법

...

리얼밸류 경영은 2005년 발표되어 전 세계적으로 큰 반향을 일으킨 블루오션 전략과도 관련이 있다. 프랑스 인시아드 경영대학원의 김위찬 교수와 르네 마보안 교수는 자산 효율화를 통한 구체적인 가치혁신 방법론으로 ERRC 프레임워크를 제시하면서 보유 자산을 제거^{Eliminate}, 감소^{Reduce}, 증가^{Raise}, 창조^{Create}함으로써 블루오션을 창출하고 기업 가치를 높일 수 있다고 역설한 바 있다.

리얼밸류 경영은 블루오션 이론을 오늘날의 시대정신에 맞게 확장·발전시킨 '신新블루오션 창출법'이다. 블루오션 전략은 기업이 보유한 자산을 제거^E, 감소^R, 증가^R, 창조^C해서 경쟁자가 없는 세상, 말그대로 블루오션을 만들어 큰 이윤을 독식하는 방법에 집중한다. 자산 활용의 효율성^{Efficiency}을 극대화해 경쟁자 대비 우위를 창출하는 것을 목표로 하는 것이다^{Doing things right.}. 반면 리얼밸류 경영은 자산을 강화, 결합, 재발견함으로써 경제·환경·사회적 가치를 창출하고 이해

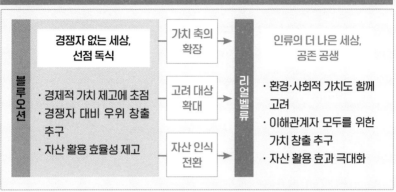

출처: 포스코경영연구원(2023)

관계자들과 함께 공유하는 방법을 추구한다. 자산 활용을 통해 창출되는 효과^{Effectiveness}를 극대화해 기업뿐 아니라 모든 이해관계자가 공존 공생하는 더 나은 세상을 지향한다$^{Doing\ the\ right\ things.}$는 점이 차이라고 하겠다.

김위찬 교수는 블루오션 발굴을 용이하게 해주는 시각적 도구로 '전략 캔버스$^{Strategy\ canvas}$'를 제안했는데, 리얼밸류 경영을 위한 전략 도구로는 '리얼밸류 캔버스$^{RVCC,\ Real\ Value\ Creating\ Canvas}$'를 생각해볼 수 있다. 보유 자산의 활용 방법 3가지(강화·결합·재발견)와 이를 통해 창출되는 가치 3가지(경제·환경·사회적 가치)를 종합하면 총 9가지의 가치 창출 영역이 등장한다. 리얼밸류 전략은 리얼밸류 캔버스의 9개 빈칸을 채워보고 각각의 칸들이 서로 연결되는 경로들을 그려보는 과정을 통해 수립할 수 있다.

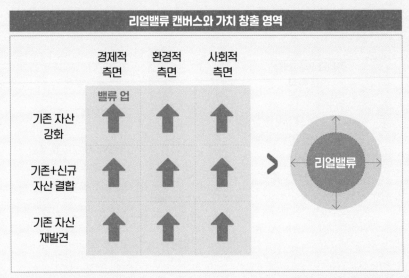

리얼밸류 캔버스와 가치 창출 영역

경제적 측면　환경적 측면　사회적 측면

밸류 업

기존 자산 강화

기존+신규 자산 결합

기존 자산 재발견

리얼밸류

출처: 포스코경영연구원(2021)

9개의 빈칸을 채우기 위해서는 경영진이나 특정 부서만이 아니라 전사 차원에서 여러 부서 임직원들이 함께 모여 고민하는 과정이 매우 중요하다. 이러한 과정을 통해 마치 콜럼버스의 달걀처럼 미처 아무도 생각지 못한 아이디어를 도출할 수 있을 때 비로소 각 회사만의 차별화된 리얼밸류 전략이 탄생하게 된다.

리얼밸류 경영 실천을 위한
3단계 과정

...

리얼밸류 경영을 실천하는 과정은 크게 3단계로 나누어볼 수 있다. 먼저 1단계에서 유·무형 보유 자산을 분석하고, 2단계에서 TBL 가치 창출 방법을 도출해, 마지막 3단계에서 가치 창출 과정을 스토리텔링하는 과정을 거친다. 이는 마치 뛰어난 셰프가 손님을 위한 성찬^{盛饌}을 준비하는 과정에 비유 가능하다.

각 단계를 좀 더 자세히 설명하자면 우선 1단계는 좋은 식재료를 선별하는 단계다. 회사가 보유한 각종 유·무형 자산 중에서 회사의 목적을 달성하는 데 필요한 핵심적인 자산이 무엇인지를 검토한다. 셰프라고 한다면 머릿속에 구상하고 있는 요리의 맛을 가장 잘 살려줄 재료의 품목과 품질을 선별하는 단계라고 할 수 있다. 회사의 예를 들어 공장부지 내에 못 쓰는 자투리땅이 조금 있다면 리얼밸류 창출을 위해 혹시라도 이 땅을 활용할 방법이 없을까 고민하는 단계라고 하겠다.

다음 2단계는 1단계에서 선별한 재료들을 맛있는 음식으로 조리하는 단계다. 선별된 자산들이 경제·환경·사회적 가치로 이어지는 경로를 도출하는 숙고의 과정이다. 과거 유명 셰프들이 출연해 초청 게스트의 냉장고 속 재료만 가지고 온갖 현란한 요리를 만들어내는 예능 프로그램이 있었다. 그런데 가만히 들여다보면 셰프들이 만든

리얼밸류 경영 실천의 3단계 과정

1단계	2단계	3단계
좋은 식재료를 선별	맛있는 음식으로 조리	플레이팅 후 요리에 담긴 의미 해설
회사가 보유한 유·무형 자산 중 TBL 목적 달성에 핵심적인 자산 파악	선별된 자산들이 경제·환경·사회적 가치로 이어지는 경로 도출	1~2단계의 가치 창출 과정을 보고서(데이터, 용어)가 아닌 스토리(내러티브, 플롯)로 구성 및 전달
TBL 렌즈로 자산을 분석	**RVCC** Real Value Creating Canvas **3×3 매트릭스에 배치**	**서사가 있는 콘텐츠 개발** (도전, 탐험, 변신, 개척, 부활 등)

수많은 자산 중

목적 달성을 위해

경제 환경 사회 → 추구하는 길

유형: 공장부지, 생산설비, 자본, …

지속 활용 가능 핵심 자산 | 강화

성장 또는 시련 극복 과정

무형: 기술, 노하우, 제도, 문화, …

시너지 창출 가능 자산 | 결합

잠재력 재조명 필요 자산 | 재발견

적당한 플롯에 담아 스토리텔링

출처: 포스코경영연구원(2023)

요리의 가치가 매우 다차원적임을 알 수 있다. 무조건 고급 요리만 만드는 것이 아니라 자투리 재료들을 활용해 훌륭한 한 끼 식사가 되는 요리, 술 마신 후 해장에 좋은 요리, 밤에 출출할 때 야식으로 먹기 좋은 요리, 게스트의 건강 관리에 좋은 요리, 먹는 과정에서 가족과 재미있게 즐기기 좋은 요리 등 요리의 가치를 여러 가지로 잡아내는 게 감동 포인트였다.

다시 회사의 예로 돌아가면 당장 경제적으로는 쓸모없는 유휴 부지에 어린이집을 마련해 직원의 행복이라는 사회적 가치를 만들 수도 있고, 혹은 이 부지에 사내 쓰레기 분리 및 재활용 시설을 설치해 환경적 가치에 기여하는 방법도 생각해볼 수 있다.

마지막 3단계는 조리된 음식을 식탁에 플레이팅하고 요리에 담긴 의미를 해설하는 단계다. 한마디로 스토리텔링인데 리얼밸류 경영의 화룡점정 단계라고 하겠다. 이때는 회사가 말하고 싶은 내용이 아니라 이해관계자들이 듣고 싶은 내용을 담는 것이 중요하다. 이를 위해 리얼밸류의 최종 결과 못지않게 리얼밸류가 창출되는 과정을 이해관계자의 눈높이에 맞춰 쉽고 생생하게 설명할 수 있어야 한다.

대부분 사람의 미각은 셰프처럼 정교하지 못하다. 짜다 또는 싱겁다, 맛있다 또는 맛없다 정도밖에는 구분할 수 없는 손님들 앞에서 셰프가 제철 재료를 어떻게 구했고, 최적의 온도를 내기 위해 어떤 숯을 썼으며, 식탁에 놓인 요리가 특히 몸의 어떤 부분에 도움이 되는지를 친절하게 설명해주면, 그제서야 비로소 손님들의 얼굴에 웃음과 감동이 번지게 되는 것이다.

회사의 예로 돌아가면 어느 날 갑자기 유휴 부지에 어린이집을 개원하고 끝나는 것이 아니라 어린이집이 탄생하기까지 어떤 히스토리와 에피소드가 있었는지를 영상, 화보, 스토리 등으로 설명했을 때 비로소 직원의 만족과 회사에 대한 자부심으로 이어질 수 있다.

포스코그룹의
리얼밸류 경영 스토리

···

1968년 설립된 포스코그룹은 창립 50년을 지나면서 철강을 넘어 친환경 미래소재 대표기업이 되겠다는 비전을 수립했다. 이를 위해 친환경 철강, 이차전지소재, 리튬/니켈, 에너지, 친환경 인프라, 수소, 식량의 7대 핵심사업을 집중 육성한다는 계획을 추진 중인데, 이를 위한 중요한 전략 수단이 바로 리얼밸류 경영이다.

매년 가을에 정기적으로 개최되는 그룹의 아이디어 토론장인 포스코포럼에서 7대 핵심사업별 리얼밸류 스토리를 담당 본부 혹은 사업회사의 책임자가 발표해 그룹 내에서 공유하고 리얼밸류 달성 방안을 숙고하는 기회로 삼고 있다. 리얼밸류 경영에서 추구하는 가치가 경제·환경·사회적 가치를 포괄하기 때문에 이는 곧 포스코그룹의 경영이념인 기업시민Corporate Citizenship과도 맞아떨어진다. 이런 의미에서

포스코 이차전지소재사업 리얼밸류 이미지

경제적 가치
철강을 잇는 새로운 수익원

- 62조 원(2030년 매출 달성 목표)
- 15조 원(2030년 EBITDA 달성 목표)

환경적 가치
친환경 수요 대응과 탄소중립

- EV 10% 커버(600만~700만 대, 2030년)
- 2035년 RE100

사회적 가치
기술 리더십과 지식 생태계

- 이차전지소재 메카(포항, 광양)
- 소재 안보 확립(국가 핵심기술 육성)

경제적 가치

**리얼밸류
플라이휠**

사회적 가치

환경적 가치

출처: 포스코경영연구원(2022)

리얼밸류 경영은 기업시민 이념을 비즈니스에 내재화^{Embedding}할 수 있는 실천 수단인 것이다.

예를 들어 포스코그룹의 이차전지소재 사업은 그룹의 모태인 철강을 잇는 새로운 수익 원천으로 성장해 60조 원 이상의 매출을 달성하며 경제적 가치를 창출할 예정이다. 또한 전기자동차 시대의 본격 확산을 앞당김으로써 탄소중립에 기여하고, 사용 후 폐기되는 폐배터리를 리사이클링해 희소한 천연자원을 재활용함으로써 순환경제 달성에 도움이 되는 등 환경적 가치를 창출한다. 아울러 포항과 광양 지역을 우리나라 이차전지소재의 메카로 육성해 지역경제를 활성화하고, 국가적으로는 미래 유망 전략산업의 소재 안보를 확립한다는 사회적 가치도 창출한다. 앞 페이지 그림에서 보듯이 이러한 경제·환경·사회적 가치가 상호 맞물려 선순환하면서 리얼밸류라는 이름의 결실을 볼 것으로 기대된다.

이 책의 의도와 구성

이 책은 리얼밸류 경영의 개념을 일반 대중에게 쉽게 소개하고, 우리나라 학계와 산업계에 확산시키려는 목적으로 기획되었다. 지난 반세기 동안 숨 가쁘게 달려온 우리 기업들이 자본주의의 시대적 진화에 부응하고, 보유 자산을 기반으로 지속가능한 경쟁우위를 확립하는 데 작게나마 도움이 되기를 바라는 포스코경영연구원의 기대도 담겨있다. 이를 위해 대다수 독자에게 이미 친숙한 스티브 잡스, 일론 머스크, 제프 베조스 등 해외 유수기업 CEO들의 성공 비법을 리얼밸류 프레임워크로 재해석해 설명한다.

이들이 단지 돈^{Profit}을 좇는 욕심에 기반해 위대한 기업을 일구고 놀라운 성과를 이루어냈다고 생각하지는 않는다. 비록 리얼밸류라는 구체적인 표현을 쓰지는 않았지만 한 시대를 이끌어온 전설적인 CEO

들의 머릿속에는 이미 리얼밸류 정신이 탑재되어 있을 것이라는 확신이 이 책을 집필하는 동기가 되었다. 리얼밸류 경영을 실천한 이들 CEO를 우리말로 거물을 뜻하는 빅샷$^{Big Shot}$이라고 이름 붙여 친근감을 더했다.

1장 '인류를 위한 선물'은 선지자형 빅샷을 다룬다. 애플의 스티브 잡스, 테슬라의 일론 머스크, 아마존의 제프 베조스, 넷플릭스의 리드 헤이스팅스, 스타벅스의 하워드 슐츠가 그 주인공들이다. 이들은 인류에게 한 번도 경험하지 못한 신세계를 선물한 경영자들이다.

스티브 잡스가 아이폰을 탄생시킬 수 있었던 비결은 무엇이었을까, 일론 머스크는 로드스터 출시 당시에 이미 누구나 알고 있었지만 아무도 시도하지 못했던 전기자동차 사업을 어떻게 정상궤도에 올릴 수 있었을까, 제프 베조스는 세계 최초로 인터넷 서점을 창업해서 성공시킨 이후 피 튀기는 온라인 쇼핑몰 시장에서까지 어떻게 1위를 유지할 수 있었을까에 대한 궁금증이 리얼밸류 프레임워크를 통해 다소나마 해소될 것으로 기대한다. 코로나19를 버티게 해준 일등 공신은 가족의 사랑도, 이웃의 배려도 아닌 넷플릭스라는 사실에 많은 이가 동의할 것으로 본다. 혜성처럼 등장한 리드 헤이스팅스는 어떻게 넷플릭스 지상 낙원을 창조할 수 있었을까, 스타벅스를 세운 하워드 슐츠는 어떻게 위기마다 다시 등판해서 스타벅스를 커피 명가의 반열로 돌려놓는 수호천사가 될 수 있었을까. 독자들은 이 모든 질문에 대한 단서를 리얼밸류 관점에서 발견할 수 있을 것이다.

2장 '비즈니스의 품격'에서는 수도자형 빅샷을 다룬다. 이들은 비즈니스의 격조를 높이며 폼 나게 돈을 벌고 동시에 사회로부터 찬사를 이끌어내는 방법을 보여준다. 미국의 아웃도어 브랜드 파타고니아의 창업자 이본 쉬나드는 왜 '이 자켓을 사지 마세요Don't buy this jacket'라는 광고를 했을까, 생활용품 브랜드인 유니레버의 폴 폴먼은 어떻게 소비자의 지속가능한 삶에 개입하게 되었을까를 다룬다. 세일즈포스닷컴의 마크 베니오프와 스포티파이의 다니엘 에크는 왜 그리고 어떻게 지갑이 얇은 중소기업과 아티스트들에게 희망을 선사할 수 있었을까, 또 화이자의 앨버트 불라는 어떻게 인류를 코로나19의 악몽으로부터 그토록 빨리 구원할 수 있었을까. 이 모든 궁금증을 리얼밸류 관점에서 설명한다.

3장 '가치를 보는 안목'은 개척자형 빅샷을 소개한다. 평범한 사람들은 각자가 속한 영역의 테두리 내에서 고군분투하며 하루하루를 견뎌내기도 버거워한다. 하지만 개척자형 빅샷은 고개를 들어 기존의 경계 밖으로 시선을 넓히며 리얼밸류의 단서를 더듬는다. 펩시의 인드라 누이는 콜라 시장의 한계를 뛰어넘으면서 만년 2등의 설움을 극복하고 건강음료라는 새로운 가치를 발견해냈고, 나이키의 한나 존스는 운동화는 고무와 접착제로 만드는 것이라는 고정관념을 뛰어넘으며 저개발국 아동 노동착취 회사라는 오명에서 건져냈다. 마이크로소프트의 사티아 나델라는 모바일 시대를 읽지 못하고 추락 중이던 회사를 생태계, 솔루션, 구성원 간의 연결을 통해 구원한다. 쓰리엠3M의 마이크 로만은 120년 전통의 회사가 예전 방식에 함몰되지 않도록 디지털 세계와의 연결에 주력하며 혁신기계 3M의 명성을 유지해간다. TSMC의 모리스 창은 창업자 본인의 역량과 대만이라는 국가의 역량이 가장 잘 연결되는 접점으로 반도체를 선택해 '슈퍼 을^{乙}' 파운드리 사업을 개척해냈다. 이렇듯 제품과 서비스에 대한 고정관념을 떨쳐내고 남들이 보지 못하는 리얼밸류를 발견해냄으로써 최정상에 오른 빅샷들을 살펴본다.

마지막으로 4장 '희망과 부활의 손길'은 구원자형 빅샷을 다룬다. 비즈니스 세계에서는 주로 쇠락의 길로 접어든 회사를 기적적으로 부활시킨 경영자들인데, 이들의 성공 비결도 리얼밸류 경영에서 찾을 수 있다. 소니의 히라이 가즈오는 창업 DNA를 현대적으로 재해석해냄으로써 고객에게 감동을 주는 고품질 차별화로 과거의 영광을 회복하고 있다. 버버리의 안젤라 아렌츠는 회사가 보유한 유·무형 자산에 초점을 맞춤으로써 몰락해가던 영국의 자존심 버버리를 글로벌 대표 럭셔리 브랜드로 재탄생시켰다. 애플의 팀 쿡은 스티브 잡스의 뒤를 이어 CEO로 취임한 지 10여 년 만에 애플의 기존 강점 위에 유·무형 자산 가치를 극대화하는 경영적 요소를 강화해 시가총액을 7배 가까이 성장시킬 수 있었다. 디즈니의 밥 아이거는 100년 역사를 자랑하는 디즈니의 콘텐츠 자산을 강화하고 디지털 역량과 결합해냄으로써 미국을 대표하는 종합 엔터테인먼트 기업의 위상을 지켜내고 있다. 독일 화학기업 헨켈의 카스퍼 로스테드는 회사가 가진 인적자산과 브랜드자산 등 무형자산의 가치에 주목해 기업 가치를 3배 이상 높일 수 있었다. 기업도 결국 사람이 모여 만든 조직이기 때문에 흥망성쇠라는 자연법칙에서 자유로울 수 없다. 그러나 리얼밸류 경영을 통해 새로운 가치를 계속해서 충전할 수만 있다면 자칫 사람들의 기억에서 잊혀질 운명을 거슬러 새로운 활력을 찾아 지속 성장의 길을 걸을 수 있다.

총 4장에 걸쳐 20명의 경영자가 각자 나름의 리얼밸류 경영을 통해 회사가 가진 유·무형 자산의 활용도를 높이고, 경제·환경·사회적 측면의 가치를 창출하는 여정을 살펴보는 것이 이 책의 핵심이다. 이들 20명의 빅샷이 우리나라 기업의 리얼밸류 경영을 위한 좋은 모범 사례가 되어주기를 기대한다. 아울러 이 책이 집필진이 소속된 포스코경영연구원의 사회적 책임 실천과 민간 연구기관으로서의 리얼밸류 창출에 미력하게나마 기여할 수 있기를 바란다.

목차 ————————————————————————

인류를 위한 선물,
선지자형 빅샷

2장 비즈니스의 품격,
수도자형 빅샷

REAL VALUE
BIG SHOT

3장

가치를 보는 안목,
개척자형 빅샷

REAL VALUE
BIG SHOT

4장

희망과 부활의 손길,
구원자형 빅샷

REAL VALUE
BIG SHOT

1장

인류를 위한 선물,
선지자형 빅샷

선지자 (先知者, Prophet)

남보다 먼저 깨달아 아는 사람

[네이버 어학사전]

애플 **스티브 잡스**
스마트 & 모바일 세상으로 초대

2022년 5월 11일, 애플 혁신의 시작점이라 할 수 있는 아이팟^{iPod}이 단종되었다. 아이팟은 2001년 최초 출시된 이후 20년이 넘는 시간 동안 많은 음악 애호가의 사랑을 받아온 기기였을 뿐만만 아니라, 뒤이어 출시될 아이폰^{iPhone}과 아이패드^{iPad}의 원형^{Prototype}이 된 기념비적인 작품이었다.

단종된 아이팟이 더 각별하게 느껴지는 이유는 스티브 잡스^{Steven Jobs}의 복귀작이기 때문이다. 애플을 창업했지만 실적 부진으로 쫓겨난(1985) 스티브 잡스가 애플에 돌아오자마자 이룩해낸 첫 번째 혁신이 바로 아이팟이다. 스티브 잡스가 떠나고 애플은 그저 그런 컴퓨터 회사로 전락했는데, 아이팟은 다 망해가던 애플을 진정한 모바일 디지털 기업으로 거듭나게 해준 전환점이었다. 어떻게 보면 아이팟은

자료: Apple Inc., The New York Times

경영자로서 스티브 잡스 개인의 화려한 부활의 상징이자 곧이어 이어질 애플 혁명의 신호탄이었던 셈이다.

외부기술의 발견과 재결합으로
애플의 혁신 DNA 창출

• • •

스티브 잡스가 아이팟을 만들 수 있었던 이유는 그가 쫓겨나 있는 동안 픽사Pixar와 넥스트NeXT를 창업하며 축적한 경험을 애플의 제품들과 창조적으로 결합했기 때문이다. 스티브 잡스의 직감은 아이팟을 개발하기에 앞서 당시 선풍적으로 인기를 끌던 MP3 음원재생 포맷^{Format}을 활용하기 위해 아이튠즈^{iTunes}를 먼저 개발했다는 점에서도 잘 드러난다. 초기에 아이튠즈는 Mac OS의 음원재생 프로그램이었지만 사용자는 CD에서 음악을 추출해 바로 MP3로 만들 수도 있었고, 나중에는 아이튠즈 안에서 MP3 음원을 구매할 수 있도록 발전했다. 스티브 잡스는 MP3의 가능성을 잘 파악했고 사용자들이 MP3 파일을 가장 쉽게 활용할 수 있는 일종의 플레이그라운드로 아이튠즈를 설계했다고 볼 수 있다.

그리고 아이튠즈를 더 잘 활용하기 위해서는 손에 들고 다니면서 언제 어디서든 음악을 들을 수 있는 '휴대용 용기^{Pod}'가 필요했고, 이것이 바로 아이팟^{iPod}이 만들어진 진짜 이유다. 스티브 잡스는 아이팟을 개발하면서 '주머니 속의 1천 곡'이라는 목표를 세우고 이를 위해 도시바의 초소형 하드디스크^{HDD} 기술을 끌어왔으며, MP3 플레이어를 개발하던 퓨즈 시스템^{Fuse System}의 토니 파델^{Tony Fadell}을 스카우트해 아이팟을 완성시킨다. 훗날 토니 파델은 애플의 아이팟 부문 부사장까지 지낸다.

그뿐인가? 스티브 잡스 특유의 미니멀리즘으로 아이폰 디자인의 프로토타입이 된 단순하고 미학적인 디자인과 직관적 터치 방식의 컨트롤러까지 애플을 대표하는 혁신들이 출발하게 된 결정체가 바로 아이팟이다. 이처럼 아이팟은 스티브 잡스의 직감과 경험, 그리고 애플의 본래 강점인 디자인 및 소프트웨어 역량, 여기에 외부에 산재해 있던 기술들이 총체적으로 결합해 만들어진 작품이다. 즉 애플이 가지고 있던 기존 강점은 더욱 높이고, 여러 곳에 따로 흩어져 있던 기술들을 찾아 재조합해 리얼밸류를 만들어낸 것이다. 스티브 잡스의 이야기를 강화와 결합 그리고 재발견 측면에서 살펴보자.

미니멀리즘의
디자인 철학 강화
...

스티브 잡스가 창안해낸 모든 제품과 소프트웨어에는 그가 집착해온 극한의 미니멀리즘이 내재해 있다. 아이폰의 경우 1개의 홈버튼에서 모든 메뉴에 3회 이내에 접근할 수 있어야 한다는 원칙을 고집스럽게 적용해 가장 직관적인 인터페이스를 구현해낸 것으로 유명하다. 특히 무선 이어폰 에어팟^{Air-pod}은 기존 제품과 달리 복잡한 연결 과정을 제거해 귀에 꽂자마자 본체와 연결되도록 만들어 해당 시장에서 후발주자였던 애플을 단숨에 선도기업으로 만들었다.

아이폰, 에어팟 등 애플 제품들이 갖는 공통점은 미려한 디자인은 물론이거니와 처음 제품을 접하는 사람이라도 직관적으로 사용법을 익히고 쉽게 제품을 사용할 수 있도록 한 것이다. 처음 매킨토시 화면을 설계할 때도 사무실에 출근한 직장인이 책상 위에서 볼 수 있는 익숙함을 재현하기 위해 직관적으로 접근했다는 일화도 있다.

스티브 잡스가 추구한 것은 기술적으로 복잡한 기능을 생략하는 방식이 아니라 불필요한 부분들을 최소화하기 위한 수많은 고민이 담긴 단순함이다. 그는 이러한 철학을 모든 애플 제품에 반영해왔으며, 그의 사후에도 단순성의 철학은 애플의 트레이드마크로 계승되어 애플만의 독특한 이미지가 되었다.

경쟁기업인 삼성전자가 스마트폰에 필기할 수 있는 펜을 선보였을 때, 스티브 잡스는 "우리에겐 손가락이 있기 때문에 펜은 필요 없다."라고 말한 바 있다. 그의 사후에 대응 제품을 내놓긴 했지만 이 일화도 어쩌면 단순성에 대한 그의 집요함이 발현된 또 하나의 사례라고 하겠다. 애플에 열광하는 사람들이 높은 가격을 지불하더라도 애플 제품을 쓰려는 프리미엄의 근원은 바로 단순성에 대한 집착이자 모든 제품에 이를 반영하려는 그의 집요함일 것이다.

회사 내·외부 자원을
결합하고 최적화

...

스티브 잡스는 여러 가지 기술을 다른 각도에서 해석하고 활용하는 데 탁월함을 보여주었다. 애플이 경쟁사들과 똑같은 부품을 쓰더라도 더 높은 성능과 우월한 편의성을 보이는 이유는 무엇보다 최적화에 집중했기 때문이다. 스티브 잡스는 기술 그 자체에 집중했다기보다는 자신이 만든 소프트웨어가 가장 잘 작동할 수 있는 하드웨어들을 선택하고 최적화했다고 볼 수 있다.

스티브 잡스가 애플을 떠나 넥스트를 설립했을 때, 그는 운영체제^{OS} 넥스트스텝^{NeXTSTEP}을 개발했다. 훗날 애플에 복귀하면서 이 운영체제가 Mac OS에 적용되었고 장차 iOS(애플 모바일 운영체제)로 발전하게 된다. 스티브 잡스는 iOS라는 소프트웨어를 최적으로 활용하고 구동시킬 디바이스로서 아이팟-아이폰-아이패드로 이어지는 하드웨어 생태계를 만들어낸 것이다.

사용자에게 어떤 경험을 어떻게 줄 것인지의 철학이 소프트웨어에 녹아 있기 때문에, 그 쓰임에 맞도록 다양한 부품을 조달하고 최적화하는 것이 스티브 잡스의 방식이다. 스티브 잡스의 뒤를 이어 애플 CEO에 오른 팀 쿡은 "아이폰은 한국에서 버린 기술과 아이디어들을 재조합해 만들었다."라고 밝힌 적이 있다.[*] 남들 눈에는 '버린 기술과 아이디어'일지라도 스티브 잡스에게는 소중한 보물이 된 것이다. 그리고 누군가 버렸을지 모르는 부품과 기술을 사용했기 때문에 제조원가가 낮아진 것이라면, 게다가 단순성의 철학 등 애플 고유의 프리미엄이 녹아 있어 높은 가격 책정이 가능한 것이라면 애플이 그토록 수익성이 높은 이유도 충분히 설명된다.

———

• 2011년 3월, 당시 한국의 한 국회의원이 애플 본사를 방문했을 때 팀 쿡과 면담과정에서 나온 발언

시장에서 저평가된
기술의 가치를 재발견

...

스티브 잡스는 저평가된 기술의 가치를 알아보고 제품에 활용하는 '재발견'에도 매우 능했다. 제록스의 그래픽 인터페이스, 도시바의 초소형 HDD$^{Hard Disk Drive}$ 기술, 코닝의 고릴라 글래스는 애플 혁신에 중추적인 역할을 수행한 핵심기술들이었지만 만약 스티브 잡스를 만나지 못했더라면 이 세상에 존재하지 않았을 기술들이기도 하다.

최근에도 애플은 패스이프 세미컨덕터미컨덕터$^{Passif Semiconductor}$의 저전력 블루투스 LE$^{Bluetooth Low Energy}$ 기술을 도입해 상용화했고, 이를 무선 이어폰 전용 칩셋인 W1으로 발전시켰다. 그리고 이 기술 덕에 애플은 무선 이어폰 시장에서 후발주자였음에도 불구하고, 에어팟으로 다시 시장의 선두주자가 되는 데 성공했다.

이제는 누구나 익숙한 고릴라 글래스 스토리를 리얼밸류 관점에서 보면 자산의 '재발견'으로 연결될 수 있다. 재발견이란 존재하지 않던 것을 새롭게 찾아내는 것이 아니라 기존 자산 중 어떤 이유로 저평가된 기술이나 자산의 쓰임새를 새롭게 하는 것이다. 너무나 단단해 가공이 어렵다는 이유로 코닝 연구실 서랍 속에 잠자고 있던 기술을 스티브 잡스가 발견했기 때문에 지금 우리가 사용하는 형태의 스마트폰이 세상에 모습을 드러낼 수 있었다.

스티브 잡스는 이제 우리 곁을 떠났지만, 그가 남긴 애플의 제품들은 혁신의 대명사로 우리에게 기억되고 있다. 그가 아이팟을 설계하면서 만들었던 원칙들은 애플 고유의 혁신 포뮬러가 되었으며 그 영향을 받은 후속 제품들에 힘입어 애플은 여전히 세계 최고의 혁신기업으로 자리 잡고 있다.

리얼밸류 경영 포인트

유·무형 보유자산 활용

‣ 자산 강화: 극한의 미니멀리즘, 직관에 충실한 제품 단순성 추구

‣ 자산 결합: 소프트웨어의 성능 구현에 필요한 최적의 하드웨어

매칭

‣ 자산 재발견: 저평가된 기술을 도입해 최고의 혁신제품으로 승화

경제·환경·사회적 가치 창출

‣ 경제적 가치: 글로벌 No.1 수익성 실현

‣ 사회적 가치: 아이팟, 아이폰 혁신을 통해 스마트 시대 개막

테슬라 **일론 머스크**
친환경 미래를 위한 전기차 시대 개막

───────────────────────────

일론 머스크^{Elon Musk}는 전기자동차 전문 기업인 테슬라를 창업해 기존에 없던 전기자동차 시장을 만들어내는 데 성공했다. 급기야 전 세계 자동차 산업의 지형도를 바꾸고 있다. 테슬라는 2022년 총 131만 대의 전기자동차를 생산 및 판매해 815억 달러의 매출을 달성했는데, 이는 전년 대비 51% 성장한 규모다. 순이익은 126억 달러로 이익률이 무려 16.8%에 달한다.

2023년 3월 말 기준 테슬라의 기업 가치는 6,507억 달러로 전 세계 기업 중 시가총액 8위에 해당한다. 테슬라의 전기자동차 생산량은 130만 대에 불과하지만 연간 900만 대를 생산하는 글로벌 자동차 선두기업인 토요타자동차(일본)와 폭스바겐(독일)을 제치고 자동차 기업 중 시가총액 1위를 기록하고 있다. 2022년 기준 약 900만 대를 생

1884년 영국에서 개발된 최초의 양산형 전기차

산한 토요타자동차는 시가총액 1,933억 달러로 전 세계 순위 51위, 약 830만 대를 생산한 폭스바겐은 시가총액 788억 달러로 전 세계 176위다. 시장은 테슬라의 기업 가치를 전통적인 내연기관 중심의 자동차 기업들보다 훨씬 높게 평가하는 것이다.

전기자동차가 최근에 등장한 새로운 제품이라고 생각하기 쉽지만 역사를 살펴보면 사실 전기자동차는 내연기관 자동차보다 먼저 개발되었다. 공식적인 최초의 전기자동차는 1884년 '영국의 에디슨'이라 불리는 사업가 토마스 파커Thomas Parker가 개발했는데 납축전지와 전기모터를 동력원으로 하는 양산형 4륜 전기자동차였다. 최초의 내연기관 자동차는 카를 벤츠Karl Friedrich Benz가 1885년에 발명했으니 전기자동차보다 오히려 늦게 개발되었다.

당시에는 전기자동차가 말이 끄는 마차의 좋은 대안으로 여겨져 많은 사람이 타고 다녔다. 마차에 비해 크기가 작아 도로에서의 차량 정체도 덜하고, 거리에 말이 다니면서 생기는 유기적 오염 문제도 해결할 수 있었기 때문이다. 게다가 당시의 전기자동차는 내연기관 자동차보다 훨씬 성능이 우수해 19세기 말에는 전기자동차 택시들이 마차를 대신해 런던과 뉴욕 거리를 돌아다녔다고 한다. 매연이 나지 않고 소음도 작을 뿐 아니라 복잡한 운전 기술도 필요 없었기 때문이다.

하지만 이후 대규모 유전이 발견되면서 값싼 화석연료가 공급되기 시작한 반면 전기자동차의 핵심인 배터리 기술은 상대적으로 충분히 발전하지 못했다. 결국 화석연료를 사용하는 내연기관 자동차가 폭발적으로 보급되어 전기자동차를 제치고 대중에게 널리 퍼지게 된다.

전기자동차 관련 기존 기술에
머스크의 자금 조달 능력 결합

...

일론 머스크는 기후변화 문제 해결을 위해 내연기관 자동차를 대체할 주요 수단으로서 전기자동차에 주목했다. 그리고 전기자동차와 관련된 여러 기술의 가치를 재발견하고 결합해 새로운 산업으로 키워내는 데 성공했다.

테슬라의 첫 전기자동차인 로드스터^{Roadster}는 기존 기술들과 머스크 자신의 역량을 성공적으로 재조합해 탄생한 결과물이라 할 수 있다. 로드스터의 차체는 영국의 스포츠카 생산 기업인 로터스에서 1996년 출시한 엘리스^{Elise}라는 초경량 스포츠카에 기반을 두고 있다. 로드스터 차체를 설계할 때 처음부터 로터스 자동차와 공동개발 계약을 체결해 개발했다.

모터는 미국의 전기공학자이자 발명가인 니콜라 테슬라$^{Nikola Tesla}$가 1887년 발명한 3상 교류 방식의 유도모터$^{Induction Motor}$를 채택했다. 이 방식은 미국의 발전 기업인 웨스팅하우스가 니콜라 테슬라로부터 관련 특허 전체를 사들여 전 세계 전력 송배전 시스템의 국제표준으로 적용한 기술로 일반적으로 자동차 업계에서는 사용하지 않는 기술이었다. 하지만 교류 방식의 모터를 채택함으로써 전기자동차에 요구되는 고출력 성능을 안정적으로 장시간 구현할 수 있게 되었다.

전기자동차의 심장이라 할 수 있는 배터리는 일본 파나소닉의 원통형 배터리를 채용했다. 즉 차체와 모터, 배터리 모두 세상에 이미 존재하던 기술들이었지만 머스크는 이러한 기술들을 전기자동차라는 새로운 제품을 만드는 데 적용한 것이다.

핵심이 되는 기술들은 확보했지만 기업을 세우고 비즈니스를 운영하는 것은 기술만으로는 되지 않는다. 제품을 초기 개발 설계하고 생산하기 위해서는 자금 확보가 필수적이다. 머스크는 이 영역에서

출처: James Duncan Davidson, 위키피디아

본인의 주특기를 충분히 발휘해 성공적으로 투자자들을 모집했다. 테슬라는 2004년 1차 투자설명회를 개최한 후 2007년 4차 투자설명회까지 총 1억 달러가 넘는 자금을 모집할 수 있었다.

　여기에는 머스크의 정신적 고향이라 할 수 있는 실리콘밸리의 대형 벤처 캐피털들의 자금이 많이 포함되어 있다. 사실 머스크는 테슬라를 설립하기 전에 이미 페이팔^{PayPal}이라는 온라인 결제 서비스 스타트업을 창업했고, 이 회사를 성공적으로 이베이에 매각한 경험이 있다. 이미 실리콘밸리의 창업 및 투자 생태계에 익숙했던 것이다. 머스크가 가져온 이러한 탄탄한 자금력은 로드스터를 성공적으로 개발해 시장에 출시할 수 있도록 생명줄이 되어주었다.

디지털과 로봇 기술을 결합해
효율적 대량생산 체제 구축

...

테슬라는 이미 구축된 자동차 생산시설에 디지털·로봇 기술을 결합해 빠르게 대량생산 체제를 구축하는 데 성공했다. 테슬라의 두 번째 전기자동차이자 첫 양산차인 '모델S'는 미국 캘리포니아 주 프리몬트에 있는 옛 누미^{NUMMI, New United Motors Manufacturing, Inc.} 공장을 리모델링한 공장에서 생산했다. 누미 공장은 1984년 토요타자동차와 GM이 합작해 설립한 제조공장이다. 하지만 2009년 GM이 파산하면서 2010년에 공장을 폐쇄하기로 했는데, 일론 머스크는 이 공장을 4,200만 달러라는 헐값에 인수해 본격적으로 전기자동차를 대량생산하기 시작했다.

누미 공장을 인수함으로써 머스크는 자동차 양산에 필요한 기존 시설과 설비를 확보한 셈이 되었다. 예를 들어 공장 내에 이미 설치돼 있던 대형 유압 프레스를 양도받기도 했다. 이와 동시에 디지털 기술과 로봇 자동화를 적극 도입했다. 생산 공정 중 고도의 정밀도나 신속한 작업이 필요한 공정에는 독일의 로봇 전문 생산업체 쿠카^{KUKA}의 최신 로봇을 구입해 첨단 생산 라인을 구축한 것이다. 쿠카는 전 세계 산업용 로봇 시장을 선도하는 굴지의 대기업이며, 반도체 기업인 인텔과 삼성전자도 초정밀 작업이 필요한 공정에 쿠카의 로봇을 활용한다고 알려져 있다.

쿠카의 최첨단 로봇이 도입된 테슬라 프리몬트 공장

출처: 테슬라

소형 기기에 사용되던 원통형 배터리에 주목해
고유의 배터리 시스템 구축

...

기후변화가 심각해지면서 내연기관 자동차를 대체할 전기자동차
가 필요하다는 생각은 머스크 혼자만 한 것이 아니었다. 기존 자동차
기업들을 비롯해 많은 회사가 전기자동차 개발에 관심이 있었다. 하
지만 당시 대부분의 기업은 전기자동차용 배터리는 중·대형 리튬 폴
리머 배터리가 되어야 한다고 생각했고, 따라서 많은 기업이 자체적
으로 전용 배터리 개발에 뛰어들었다. 하지만 이 배터리는 개발 비용
을 포함해 가격이 비쌀 수밖에 없기 때문에 이를 장착한 전기자동차

도 가격이 높아질 수밖에 없다는 단점이 있었다. 바로 이 점이 전기자동차의 본격 상용화를 어렵게 만드는 주원인이었다.

머스크는 당시 노트북 등 소형 전자제품에 사용되던 '18650 배터리'의 가치를 재발견했다. 원통형 18650 배터리는 리튬 이온 배터리 중 가장 오래된 타입으로 1970년대에 이미 기술 규격화가 완성된 제품이다. 완성된 기술이라 불확실성이 적고 수율과 생산성이 높다. 이미 대량생산해 시장에서 널리 쓰이고 있어 가격이 저렴하고 품질도 매우 안정적이다. 특정 용도에 국한된 전용 배터리와 달리 표준화가 잘 되어 있어 여러 배터리 제조사에서 대량으로 생산하기 때문에 많은 수량을 쉽게 공급받을 수 있었다. 다만 단위 배터리셀의 에너지 용량이 크지 않아 중·대형이 아닌 소형 배터리로 분류된 것이고 이 때문에 자동차와 같이 덩치가 큰 제품에는 적용할 수 없다고 여겨졌던 것이다.

머스크는 저가의 배터리셀을 대량으로 집적해 강력하고 안정된 하나의 대용량 배터리팩으로 완성함으로써 이 문제를 해결했다. 대량의 배터리셀을 안정적으로 집적해 최대의 용량을 발휘하도록 하는 이 기술은 테슬라의 핵심기술이 되었다. 업계에서는 테슬라의 기술 특허 중 약 70%가 배터리 관련 기술인 것으로 파악하고 있는데 과열방지, 충전효율 등 안정적이면서도 고효율을 달성하는 기술들에 집중되어 있는 것으로 알려져 있다.

2016년 네바다 주에 파나소닉과 합작한 기가팩토리를 건설한 뒤

18650 배터리를 업그레이드한 21700 배터리를 개발하는 데 성공했다. 2020년 배터리데이를 통해 발표한 4680 배터리는 직경 46mm, 길이 80mm로 한층 용량이 커졌으며, 테슬라 전기자동차의 성능과 가격 경쟁력을 보장하는 중요한 요소가 되었다.

지속적인 인재 영입으로
전기자동차 관련 핵심기술과 노하우 내재화

•••

머스크는 필요한 인재를 적극적으로 영입해 테슬라의 경쟁력을 지속적으로 강화해나갔다. 2006년 배터리 기술 담당 디렉터로 영입한 커트 켈티Kurt Kelty는 당시 마쓰시타전기산업(이후 파나소닉이 됨)에서

15년간 배터리 기획과 개발, 마케팅을 담당했던 인물이다. 그는 테슬라에서 배터리팩의 안전성과 성능을 확보하는 역할을 담당했다.

2008년에는 마쓰다 자동차에서 디자인을 담당한 독일인 디자이너 프란츠 폰 홀츠하우젠Franz von Holzhausen을 전격 영입해 디자인적으로도 뛰어난 전기자동차를 만들어내는 데 성공했다. 예를 들어 도어손잡이가 돌출되어 있지 않고 가까이에서 터치를 하면 손잡이가 튀어나오도록 하는 등 디테일에도 섬세하게 디자인적 요소를 입히고자 했다. 이러한 점들은 테슬라 전기자동차의 차별화 포인트이자 고급 스포츠카의 시장 포지션을 갖출 수 있도록 해서 많은 유명 인사, 셀럽이 비싼 가격에도 불구하고 테슬라의 전기자동차를 구매하도록 유인하는 요소가 되었다.

2009년에는 차량 설계 수석 엔지니어로 피터 롤린슨Peter Rawlinson을 영입했다. 그는 로드스터의 원형인 로터스 엘리스 차량의 원 개발자로 로터스 수석 엔지니어를 거쳐 테슬라에 합류했다. 또 2010년 제조 담당 부사장으로 영입한 길버트 패신Gilbert Passin은 토요타자동차에서 렉서스 RX 시리즈 생산을 총괄한 경험을 가지고 있었다. 패신은 자동차 업계 베테랑으로서의 경험을 발휘해 누미 공장의 대량생산 라인을 효율적으로 구축하는 데 큰 역할을 담당했다.

전 세계 유수의 자동차 기업들조차 시도하지 않았던 전기자동차 시장을 호기롭게 개척해 선두주자로 자리매김한 일론 머스크는 시대를 앞서가는 진정한 리얼밸류 빅샷이다. 그의 꿈은 전기자동차에 그

출처: MOTORTREND automobile award, 테슬라 유튜브

치지 않고 우주개발(스페이스X), 차세대 위성통신(스타링크), 인공지능 (뉴럴링크, 오픈AI) 등 기존에 없던 기술 혁신을 통한 과감한 행보로 이어지고 있다. 일론 머스크가 인류의 미래를 위해 또 어떤 리얼밸류를 만들어낼지 앞으로가 더욱 기대된다.

리얼밸류 경영 포인트

유·무형 보유자산 활용

▸ 자산 강화: 우수 인재 영입을 통해 지속적으로 기술 우위 확보

▸ 자산 결합: 전기자동차 관련 기존 기술들과 투자 유치 역량 결합,
버려진 자동차 공장을 인수하고 디지털과 로봇 기술
결합

▸ 자산 재발견: 소형 전자기기에 사용되던 18650 원통형 배터리를
전기자동차에 적용

경제·환경·사회적 가치 창출

▸ 경제적 가치: 전기자동차라는 새로운 시장 창출과 비즈니스 기회
선점

▸ 환경적 가치: 내연기관 자동차로 인한 온실가스 및 환경오염 물
질 배출 저감

▸ 사회적 가치: 탄소중립 사회 구현을 향한 사회적 인식과 공감대
정립

아마존 **제프 베조스**
오프라인에서 온라인으로 유통 대혁명

아마존은 작은 온라인 서점에서 출발해 이제는 세계 최대의 온
라인 커머스 기업으로 성장했다. 그 과정에서 FBA^{Fulfillment By Amazon*},
AWS^{Amazon Web Service**}와 같은 세상에 없던 새로운 비즈니스들을 창출
해냈고 그 덕분에 유일무이한 기업이 될 수 있었다. 뿐만 아니라 미국
의 대표 일간지인 〈워싱턴 포스트〉를 인수하며(2013) 종합 미디어 기
업으로 영향력을 확대해나가는 행보를 보이기도 했다. 이와 같은 아
마존의 고도 성장 뒤에는 무엇보다 새로운 가치를 만들고 그 가치들이

---

* 온라인 쇼핑몰에 입점한 판매자들에게 아마존의 물류 인프라와 시스템을 활용해 제품 포장·배송
  및 물류서비스를 제공하는 비즈니스
** 아마존이 구축한 클라우드 컴퓨팅 서비스

선순환하며 증폭되도록 '판'을 짠 제프 베조스^{Jeff Bezos}가 있다.

도서 구매와 독서 패턴을 관찰해
최적의 책을 추천

...

제프 베조스는 아마존 설립 초창기에 고객이 도서를 주문하면 그 구매 정보를 바탕으로 고객이 구매하고 싶어할 만한 또 다른 책을 추천해주는 '북매치' 서비스를 개발했다. 어떤 책을 샀는지, 책을 읽고 구매자가 어떤 리뷰를 남겼는지 철저히 분석해 구매자가 원하리라 생각되는 책을 추천했던 만큼 아마존 북매치는 정확도가 높다고 정평이 났다. 그러자 오프라인 서점에서 책을 사던 고객들이 아마존을 이용하게 되었고, 아마존에는 고객들이 늘어난 만큼 구매정보와 리뷰들이 차곡차곡 쌓여 북매치의 '신통력'은 더욱 높아졌다.

북매치의 정확도는 전자책 리더 킨들^{Kindle}을 출시하면서 가히 정점에 이르게 된다. 킨들을 통해 고객이 어떤 책을 '어디까지' 읽게 되었는지도 알게 되었고(읽다가 중도에 포기하는 지점 인지), 고객의 도서 취향을 더 정확히 파악하게 되었기 때문이다.

제프 베조스는 이렇게 도서에서 쌓은 북매치 추천 역량을 점차 음반, DVD, 장난감, 전자제품 등 모든 소비재 분야로 확대해나갔다. 아마존이 만들어온 추천의 힘은 아주 강력해서 매출의 35%가 추천에서

비롯된다고 한다. 이러한 과정이 거듭되면서 아마존에는 막대한 구매자 정보와 구매 패턴이 축적되었고 이를 기반으로 아마존은 이커머스 ^e-Commerce 의 거인으로 등극하게 된다.

오프라인 경쟁사의
물류 노하우를 전격 결합
...

아마존의 취급 품목이 책에서 모든 제품으로 확대되면서, 제프 베조스에게는 '물류'라는 또 하나의 난제가 등장했다. 도서 한 상품만 취급할 때에 비해 생산 프로세스가 제각각인 서로 다른 수많은 제품이 혼재해 있을 때는 물류의 복잡성이 훨씬 커지기 때문이다. 제프 베조스는 이 문제를 해결하기 위해 오프라인 종합 유통 기업 월마트의 물류 담당 임원들을 스카우트했다. 아마 당시에 이커머스 물류 경험을 갖춘 기업은 없었을 테고, 또 한편으로 월마트만큼 다양한 상품을 취급해본 업체도 흔치 않았을 테니, 어떻게 보면 굉장히 합리적인 선택이었다. 이렇게 아마존에 합류하게 된 월마트 물류 담당 임원들은 이른바 '월마트식 창고물류' 방식을 아마존에 도입한다.

하지만 온라인 매장물류는 오프라인 매장물류와 전혀 달랐다. 월마트 출신들이 애써 설계한 물류 시스템은 오히려 아마존의 물류 병목을 더 심화시켰다고 한다. 어려운 상황에 직면한 제프 베조스는 실

출처: 아마존

험적인 도전을 결심한다. 물류산업 전문가들이 아니라 학교에서 물류를 연구하는 사람들에게 새로운 해결책을 찾아달라고 부탁한 것이다. 그는 매사추세츠공대^{MIT}의 공급망관리$^{SCM,Supply Chain Management}$ 연구자들을 찾아가서 아마존의 이커머스와 월마트식 창고물류로 뒤죽박죽이 되어버린 문제를 보여주고 해결책을 요청했다. MIT 전문가들은 실제 비즈니스 현장에서 물류를 운영해본 경험은 없었지만 이론과 직감을 토대로 주문이 바로 배송으로 이어질 수 있는 알고리즘을 개발해냈다. 한 걸음 더 나아가 시스템 내에서 전국 단위 재고 현황과 고객 위치까지 연결해 주문별로 비용이 최소화되는 배송 방법까지 도출하기에 이르렀다.

제프 베조스는 이들이 도출한 방법을 토대로 아마존의 물류 시스템을 개선했고 곧바로 물류는 아마존의 약점에서 '경쟁력'으로 탈바꿈하게 된다. 그리고 물류 '경쟁력'은 나날이 발전해 주문 다음 날 배송완료를 보장하는 '아마존 프라임Amazon Prime' 서비스로까지 발전하게 되었다. 월마트식 창고물류와 MIT의 혁신 아이디어가 결합해 이제는 웬만한 이커머스 기업이라면 누구나 도입하는 아마존식 풀필먼트Fulfillment 물류 시스템이 만들어진 것이다. 아마존은 자사만의 노하우를 더욱 발전시켜 FBA라는 서비스를 창안하고 아마존에 입점해 있는 기업들의 물류를 대행해주면서 새로운 수익원으로 발전시키는 경지에 이른다.

축적된 IT 자산,
새로운 비즈니스의 씨앗으로 재발견

...

앞에서 아마존의 취급 품목이 늘어나고 막대한 고객 정보가 축적되었다는 점을 언급했다. 그뿐 아니라 물류 데이터까지 쌓이면서 데이터 관리는 아마존의 핵심역량으로 거듭났다. 당연히 이를 잘 관리하기 위해 제프 베조스는 IT 자산에 막대한 금액을 투자했다. 그러나 데이터 관리를 위해 세계 각지에 구축해놓은 대규모 서버들이 서로 분리된 채 운영되었기 때문에 IT 시스템의 효율이 떨어지는 일이 종종 발생하게 되었다. 그러자 제프 베조스는 모든 데이터와 IT 기능을

출처: 아마존

하나의 인터페이스로 연결해 아마존 전체의 효율성을 높이고 동시에 IT 비용도 절감시키고자 했다.

그리고 이 조치는 제프 베조스가 아마존의 또 하나의 잠재력, 즉 클라우드Cloud의 유용성을 발견하게 되는 새로운 계기가 되었다. 방대한 데이터 시스템을 연결하면 클라우드 시스템을 만들 수 있고, 이를 활용하면 새로운 수익원으로 재탄생시킬 수 있다는 가능성을 인지한 것이다. 바로 아마존 클라우드 서비스인 AWS의 탄생이다. 아마존의 IT 자산 시스템에서 창출된 효율성을 바탕으로 IT 서비스라는 새로운 수익원을 개척하게 된 것이다. 처음에 AWS는 저렴한 비용으로 IT 시스템을 이용하려는 스타트업들이 주요 고객이었으나 이제는 넷플릭스 같은 유수의 기업들도 이용하는 초대형 비즈니스로 성장했다. 현

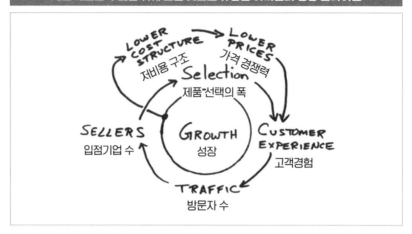

출처: 아마존

재 AWS는 아마존 전체 매출의 약 10%를 차지하며 높은 이익을 내는 핵심 사업부로 성장했다.

제프 베조스는 아마존이 작은 스타트업 때부터 축적해온 고객 추천이라는 강점을 지속적으로 강화하고 확장해온 대표적인 리얼밸류 창출 사례라고 할 수 있다. 게다가 축적된 IT 자산의 잠재력을 알아보고 클라우드 서비스로 연결해낸 재발견의 대명사이기도 하다. 이러한 아마존의 성장 과정은 제프 베조스가 냅킨 위에 그린 것으로 유명한 플라이휠 효과Flywheel Effect 그 자체라고 하겠다.

제프 베조스는 이제 아마존을 떠났지만 그가 만든 플라이휠은 여전히 작동하며 아마존이 새로운 무언가를 창조하고 또 다른 고객경험을 창출하는 원동력으로 작동할 것이다.

리얼밸류 경영 포인트

유·무형 보유자산 활용

‣ 자산 강화: 고객 추천 역량을 지속적으로 강화하고 도서 외 전 상
     품으로 확장

‣ 자산 결합: 이커머스 역량을 뒷받침하고자 경쟁사 물류 기술을
     도입해 고유역량으로 승화

‣ 자산 재발견: IT 자산 운영을 통해 창출된 역량을 클라우드 비즈
     니스 기회로 인식

경제·환경·사회적 가치 창출

• 경제적 가치: 이커머스와 클라우드 시장에서 고수익 창출

• 환경적 가치: 물류 효율화를 통해 배송차량의 탄소배출 최소화

‣ 사회적 가치: 아마존 입점기업에 자사 이커머스 노하우를 제공해
     사업 경쟁력 향상 지원

NETFLIX

넷플릭스 **리드 헤이스팅스**

홈 엔터테인먼트 신세계 제시

넷플릭스^{Netflix}는 인터넷^{Internet}을 의미하는 'NET'과 영화^{Flicks}를 의미하는 'Flix'를 결합한 이름으로 1997년 온라인 기반의 DVD 대여 서비스를 제공하는 비즈니스로 시작했다. 그 후 스트리밍 서비스, 오리지널 콘텐츠 제작까지 확장하며 이제는 콘텐츠 유통 플랫폼을 넘어 세계 최대 규모의 제작 스튜디오로 진화했다. 2020년에 전 세계 가입자 수 2억 명을 돌파했고, 2021년에는 오리지널 콘텐츠를 500편 이상 제작하며 에미, 골든글로브, 아카데미 등 여러 시상식에서 인정받는 엔터테인먼트 업계 대표 기업으로 성장했다.

넷플릭스가 세계 굴지의 엔터테인먼트 기업으로 성장하는 과정에서 'Netflixed'라는 신조어가 생기기도 했는데, 이는 '넷플릭스에 당했다'는 뜻으로 그만큼 넷플릭스가 기존 엔터테인먼트 시장의 질서를 무너뜨리고 과감한 혁신을 통해 성장을 이루어냈기 때문이다. 넷플릭스의 창업자이자 CEO인 리드 헤이스팅스^{Reed Hastings}는 넷플릭스가 보유한 데이터 자산을 분석해 숨겨진 자산 가치를 재발견하고 새로운 자산 기반을 구축했으며, 기존 콘텐츠 생태계와 적극적으로 시너지를 창출해 이러한 성과를 달성해냈다.

고객 취향의 재발견과
맞춤형 추천 서비스 제공

...

초창기 넷플릭스의 사업모델은 고객이 온라인으로 영화 DVD를 주문하면 우편으로 보내주고 돌려받는 방식이었다. 고객들이 찾는 영상들은 대부분 최신작이나 유명한 인기 작품들에 집중되기 때문에 고객들의 수요를 충족하기 위해서는 매번 엄청난 양의 신작 DVD를 구입해야 했다. 하지만 시간이 지나면 이런 DVD들은 곧 창고에 쌓이게 되는 고질적인 문제가 반복되고 있었다.

헤이스팅스는 이러한 재고 누적 악순환에서 벗어나기 위해 콘텐츠 추천 알고리즘을 개발하기로 했다. 그는 스탠퍼드 대학교에서 컴퓨터공학 석사 학위를 받았고 넷플릭스를 창업하기 전인 1991년에 이미 퓨어 소프트웨어^{Pure Software}라는 IT 기업을 창업하고 개발자로서 직접 사업을 성장시킨 경험을 가지고 있었다. 퓨어 소프트웨어는 소

출처: 넷플릭스

프트웨어 장애를 처리하는 기업이었는데, 헤이스팅스는 창업자이자 메인 개발자로서 비즈니스를 크게 성장시켰고 1995년 뉴욕 증시에 회사를 상장한 뒤 그 이듬해 래쇼날 소프트웨어$^{Rational\ Software}$에 7억 5천만 달러에 매각한 경험이 있었다.

그는 신작 DVD를 대량 구매한 뒤 시간이 지나면 창고에 쌓여 아무도 찾지 않게 되는 패턴을 깨고 DVD 자산의 활용률을 높이기 위해서는 창고에서 잠자고 있는 좋은 영화들을 고객이 계속해서 다양하게 소비하도록 해야 한다고 생각했다. 그리고 이를 위해 2000년부터 '시네매치^{Cinematch}'라는 콘텐츠 큐레이션 시스템을 도입했다.

시네매치는 수학, 컴퓨터공학, 통계학적 추론 등에 기반해 고객의 과거 DVD 대여기록을 분석하고 그 결과에 따라 고객별 맞춤형 콘텐츠를 추천해주는 시스템이다. 이 시스템은 협력적 필터링Collaborative Filtering 방식의 알고리즘을 적용하고 있는데, 쉽게 말하면 고객의 콘텐츠 이용 패턴을 분석한 후 해당 고객과 비슷한 성향과 취향을 가진 사람들이 시청 후 만족했던 콘텐츠 중에서 아직 시청하지 않은 것을 추천해주는 방식이다.

고객들이 실제 시청한 데이터를 분석한 결과에 따라 추천 콘텐츠를 결정하기 때문에 자신의 사용 기록과 콘텐츠 평가 결과가 누적될수록 성향과 취향이 유사한 그룹의 구성도 계속 달라지면서 추천 콘텐츠 목록도 지속적으로 최적화된다. 헤이스팅스는 시네매치 알고리즘의 추천 정확도를 높이기 위해 2006년부터 100만 달러의 현상금을 걸고 넷플릭스 프라이즈Netflix Prize를 진행하기도 했다. 이러한 노력의 결과 넷플릭스의 추천 알고리즘은 이용자 만족도가 높은 것으로 유명한데, 한 분석 결과에 따르면 넷플릭스 시청자들의 시청 패턴 중 약 75%가 알고리즘의 추천 결과에 따라 발생한다고 한다.

넷플릭스는 이처럼 만족도 높은 추천 서비스를 제공하기 위해 개인의 취향을 상세하게 분석하는 것은 물론이고, 취향을 저격하는 콘텐츠를 추천하기 위해 콘텐츠를 분류하는 데도 엄청난 공을 들이고 있다. 보통 콘텐츠 분류는 일종의 백과사전식으로 제목과 대분류 장르(액션, 코미디, 로맨스, 공포, 가족 등) 정도로 구분하는 것이 일반적이다. 반면 넷플릭스에서는 '자기주도적인 강한 여성이 등장하는 영화', '실화에 바탕을 둔 영화' 등과 같이 실제 스토리의 특성을 잘 표현해주는 감성적 또는 상황적 카테고리로 분류하고 있다.

2019년 기준 넷플릭스의 콘텐츠 카테고리는 5만 종 이상으로 알려져 있는데, 특기할 점은 사람 기반 데이터$^{People Powered Data}$로 축적되었다는 점이다. '태거^{Tagger}'라고 불리는 전문 분석가들이 콘텐츠를 미리 시청한 뒤 정교한 카테고리 분류 작업을 진행한다. 태거들은 감독, 제작진, 배우, 배경, 지역, 엔딩의 성격, 주인공의 특성 등을 코드화하고 주요 스토리라인이나 인물의 특징, 영상의 분위기 등을 설명하는 요약 문구, 즉 태그^{Tag}를 입력한다. 이렇게 생성된 태그가 바로 넷플릭스 추천 시스템의 바탕이 되고 있다.

보유 자산(데이터) 기반으로
신규 자산(오리지널 콘텐츠) 구축
...

헤이스팅스는 2011년 콘텐츠 유통 플랫폼을 넘어 오리지널 콘텐츠 제작 영역에 진출하기로 결정한다. 고객들의 사용 데이터를 분석해 맞춤형 콘텐츠를 추천해주는 것에서 한 걸음 더 나아가 고객들이 좋아할 만한 작품 요소들을 조합해 넷플릭스에서만 볼 수 있는 독점 콘텐츠를 직접 제작하겠다는 것이다.

TV 방송사, 영화 배급사 등 전통적인 콘텐츠 유통 채널은 고객들의 사용 데이터를 수집하려면 평점이나 리뷰 등 2차 데이터에 의존할 수밖에 없다. 하지만 넷플릭스는 인터넷에 기반을 둔 플랫폼 기업이기 때문에 고객이 어떤 순간에 멈추는지, 뒤로 혹은 앞으로 돌려보는지, 어떤 시간대에 어떤 콘텐츠를 시청하는지, 어떤 기기로 접속하는지, 무슨 검색어를 사용하는지, 브라우징이나 스크롤 패턴은 어떠한지 등 실제 고객들이 남기는 모든 흔적을 1차 데이터로 바로 수집할 수 있다.

이러한 고객 데이터를 기반으로 넷플릭스는 첫 오리지널 콘텐츠인 〈하우스 오브 카드House of Cards〉를 제작한다. 〈하우스 오브 카드〉 제작을 준비하면서 넷플릭스는 고객 데이터 분석을 통해 몇 가지 특징을 발견했다. ① 데이비드 핀처David Fincher 감독의 영화 〈소셜 네트워크〉는 모든 시청자가 처음부터 끝까지 한 번도 중간에 멈추지 않고 시청했음, ② 〈하우스 오브 카드〉 영국 원작인 BBC 방송국의 1990년 미니시리즈는 인기가 많았음, ③ 〈하우스 오브 카드〉 영국 원작을 본 사람들은 데이비드 핀처가 감독을 하고 배우 케빈 스페이시Kevin Spacey가 출연한 영화들을 많이 보았음 등이 그것이다.

넷플릭스는 이러한 분석 결과를 바탕으로 미국판 〈하우스 오브 카드〉 제작에 데이비드 핀처 감독과 케빈 스페이시 배우를 섭외하고 그들의 스타일대로 콘텐츠 제작을 맡겼다. 또한 고객 특성에 따라 콘텐츠 예고편을 10개의 다른 버전으로 제작하고 개인별로 맞춤화된 예고편을 보여주어 효과적으로 시청자들을 끌어들였다.

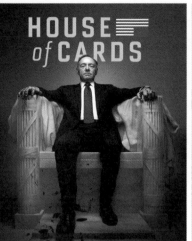

〈하우스 오브 카드〉 시리즈 포스터(왼쪽)와 감독과 주연 배우들(오른쪽)

출처: IMDb, 넷플릭스

결과적으로 〈하우스 오브 카드〉는 엄청난 성공을 거두고 넷플릭스의 고객 기반을 크게 확대하는 교두보가 된다. 〈하우스 오브 카드〉 시즌1은 2013년 에미상에서 최우수작품상, 남우주연상, 여우주연상 등 9개 부문에 후보로 올랐고 감독상, 촬영상, 캐스팅상의 3개 부문에서 수상했다. 정규 방송사가 아닌 스트리밍 업체가 수상한 것은 미국 방송 역사상 최초의 사건이었다.

넷플릭스의 데이터 활용은 맞춤식 콘텐츠 제작뿐 아니라 콘텐츠 송출 비용을 최적화하는 역할도 해서 회사의 수익성을 극대화하는 데 크게 기여했다. 넷플릭스에서 제공하는 콘텐츠는 해당 콘텐츠를 제작한 제작사에 송출 비용(로열티)을 지불해야 하는데 콘텐츠마다 금액이

다르다. 넷플릭스는 고객들의 시청 데이터를 분석해 로열티 대비 가장 많은 시청자가 좋아할 만한 영화나 드라마, 다시 말해 가성비가 높은 콘텐츠를 선택해 최적의 수익 효율성을 달성하고 있다.

엔터테인먼트 생태계를 최대한 활용해
비즈니스 시너지 극대화

...

넷플릭스는 콘텐츠 제작 비즈니스에서 창작자들의 생태계를 최대한 존중하는 고유의 투자 방식을 선택해 독특하고 파격적인 콘텐츠를 만들어낸다. 업계에서 많이 사용하는 러닝개런티 방식이 아니라 추정된 제작 비용에 일정 수준의 마진을 더해 제작비를 사전투자하는 방식으로 기존의 비즈니스 관행과는 정반대의 전략을 구사한 것이다. 사전투자를 하는 대신 제작 후 판권과 저작권은 넷플릭스에서 가져가기 때문에 제작 이후의 흥행에 따른 성과는 넷플릭스가 누리게 된다.

또한 제작 과정에서 창작자들이 흥행 성적에 대한 부담 없이 원하는 방향으로 콘텐츠를 제작할 수 있도록 작가, 감독, 배우 등에게 최대한의 자유를 부여한다. 자신만의 스토리를 가진 유능한 창작자들은 창작의 자유를 보장해주는 넷플릭스로 스스로 찾아오게 되었고, 이렇게 제작된 기발하고 독창적인 콘텐츠들은 넷플릭스의 경쟁력을 더욱 강하게 만드는 선순환을 만들고 있다. 이러한 투자 방식은 창의적인

출처: 넷플릭스

일의 가치를 높게 평가하는 리드 헤이스팅스의 철학과도 일맥상통한다. 실제 넷플릭스 사내에서도 운영 업무가 아닌 창작 업무를 담당하는 직원들은 별도의 기준을 적용해 업계 최고의 대우를 해준다고 알려져 있다.

기존에 형성된 관련 생태계를 최대한 활용하는 전략은 글로벌 진출 시에도 동일하게 적용된다. 진출 지역의 생태계를 최대한 활용해 현지 시청자들의 문화와 취향에 적합한 콘텐츠를 제작하는 것이다. 또 현지 방송사, 통신사 등과 적극적으로 제휴해 단시간 내에 글로벌 스트리밍 서비스 네트워크를 구축하는 데도 성공했다. 현지 제작업체와 출신 배우, 제작진을 섭외해 독특한 문화와 취향을 살린 콘텐츠를 제작함으로써, 현지 시청자들에게는 친숙하고 동시에 글로벌 시청자들에게는 이국적인 매력을 어필하는 콘텐츠를 만들 수 있게 되었다.

콘텐츠를 시청하는 기기 측면에서도 다양한 디바이스 생태계를 최대한 활용할 수 있도록 시청 환경을 다양하게 지원했다. 예를 들어 TV가 없는 환경이더라도 PC, X박스, 플레이스테이션, 닌텐도, 아이패드, 아이폰 등 다양한 기기에서 스트리밍 서비스에 접속하고 원활하게 콘텐츠를 시청할 수 있도록 구현한 것이다. 이는 특히 젊은 세대에게 크게 어필하는 포인트가 되었다. 젊은 세대는 부모님과 함께 거주해 TV 주도권이 주로 부모님에게 있거나 기숙사 등 개인 TV가 없는 공간에 거주하는 경우가 많기 때문이다. 이들은 기성 세대와 달리 SNS에 적극적이어서 홍보 효과가 높고 콘텐츠를 유료로 구입하는 데 거부감이 적기 때문에 넷플릭스 입장에서는 우수한 고객층을 사전에 끌어들이는 효과도 누렸다.

리얼밸류 경영 포인트

유·무형 보유자산 활용

▸ 자산 강화: 보유한 데이터 자산을 기반으로 오리지널 콘텐츠 제작

▸ 자산 결합: 엔터테인먼트 생태계와의 적극적인 제휴를 통해 시너
지 극대화

▸ 자산 재발견: 개인의 취향 데이터와 잊힌 콘텐츠들의 가치를 재
발견하며 큐레이션 서비스화

경제·환경·사회적 가치 창출

▸ 경제적 가치: 온라인 스트리밍 콘텐츠 시장 개척 및 수익 창출

▸ 환경적 가치: 온라인 스트리밍 시장 활성화로 비디오테이프, CD,
DVD 등 폐기물 발생 최소화

▸ 사회적 가치: 창작자 생태계 존중을 통해 콘텐츠 시장 활성화

REAL VALUE
BIG SH⊙T

스타벅스 **하워드 슐츠**
프리미엄 커피 라이프스타일 창조

하워드 슐츠^{Howard Schultz}는 현재 스타벅스에서 그의 세 번째 CEO 임기를 지내고 있다. 그는 1986년부터 2000년까지 첫 번째 임기 동안 스타벅스라는 커피 왕국을 세우고 물러났다가, 2008년 두 번째 임기 때는 금융위기로 무너져가는 스타벅스를 되살려놓고 2018년 퇴임했다. 이후 불어닥친 팬데믹 속에서 수많은 영업점이 타격을 입고 직원들의 사기가 바닥에 떨어지자 다시 구원투수로 등판하게 된 것이다. 한 회사에서 세 번이나, 그것도 CEO로 근무한 경우는 매우 드문 케이스일 것이다. 첫 번째 임기는 작은 원두 가게를 굴지의 커피기업으로 만든 성장의 스토리였으며, 두 번째 임기는 망해가는 회사를 구해내고 재탄생시킨 역전의 스토리였다. 그의 세 번째 임기는 어떤 스토리로 귀결될지 궁금증이 높아지고 있다.

고유의 비즈니스 모델 창출 및
직원 가치 재발견

...

원래 스타벅스는 지금과 같은 현대식 카페의 대명사가 아니었고, 그저 원두를 파는 작은 가게에 불과했다. 스타벅스 창업자인 제리 볼드윈Jerry Baldwin, 고든 보커Gordon Bowker 그리고 지브 시글Zev Siegl은 모두 커피 애호가들로 고급 원두를 직접 갈아 소규모로 판매하는 사업을 하고 있었다. 당시 스웨덴계 기업인 해마플라스트Hammarplast에서 커피머신 비즈니스를 맡고 있던 하워드 슐츠는 이들과 자연스럽게 연을 맺게 되었다.

어느 날 하워드 슐츠는 이탈리아 출장길에서 한 노천 카페에 들렀는데, 그곳의 이미지를 당시 3명의 창업자가 만든 스타벅스와 결합하면 꽤 괜찮은 비즈니스 모델이 될 것이라고 직감했다. 그는 귀국하자마자 스타벅스 창업자들을 만나 자신의 콘셉트를 설명하고 설득해보았다. 하지만 의외로 창업자들은 반대했고 하워드 슐츠는 본인이 직접 그 콘셉트를 실현하기로 마음먹었다. 그렇게 만들어진 커피 브랜드가 '일 지오날레il Giornale Coffee Company'였는데, 이후 스타벅스 창업자들이 그에게 '스타벅스' 브랜드를 양도하면서 지금의 스타벅스가 만들어지게 된 것이다. 고급 원두를 직접 추출해 커피를 내리고, 고객은 편안하고 아늑한 공간에서 커피를 즐기는, 이제는 너무나 익숙한 스타벅스만의 고객경험이 시작된 것이다.

스타벅스 창업자들인 제리 볼드윈·고든 보커·지브 시글(왼쪽)과 하워드 슐츠 현 CEO(오른쪽)

출처: 스타벅스

이처럼 우여곡절 끝에 탄생한 스타벅스는 그야말로 커피 센세이션을 불러일으켰고, 폭발적인 인기에 힘입어 매장 수도 급격히 늘었다. 이런 상황에서 보통의 커피 전문점이라면 아마 프랜차이즈 운영 방식을 택했을 것이다. 하지만 하워드 슐츠는 고비용 구조에도 불구하고 직영체제를 선택한다.

그가 직영체제를 선택한 첫 번째 이유는 스타벅스 본사가 매일 최고 품질의 원두를 선별해서 각 매장에 보내야 모든 매장이 최고급 원두로 균일한 맛의 커피를 판매할 수 있기 때문이다. 뿐만 아니라 고객들이 전 세계 어느 매장을 방문하든 스타벅스 고유의 감성을 느낄 수 있도록 일관된 매장 운영 정책을 가져갈 수 있다는 장점도 있다. 일례로 스타벅스는 모든 매장이 같은 컬러톤^{Color Tone}을 사용해 고유의 분위기를 내는데, 원두를 의미하는 빨강^{Red}, 식물을 의미하는 초록^{Green}, 물을 의미하는 파랑^{Blue}과 흙을 의미하는 갈색^{Brown}을 기본으로 매장을 디자인하고 있다.

두 번째 이유는 고객 서비스를 최일선에서 제공하는 직원들을 영업점이 아니라 본사가 직접 채용하고 동기부여할 수 있기 때문이다. 하워드 슐츠의 콘셉트가 실현되려면 직원들은 단지 판매사원이 아니라 고객 최접점에서 스타벅스의 가치를 고객들에게 전달해주는 핵심적인 역할을 수행해야 한다. 그러기 위해서는 직원들에게 만족을 주어야 하고, 만족을 주기 위해서는 본사가 직접 채용하고 교육하는 고용정책이 필요하다고 판단했다. 실제로 스타벅스는 최고의 서비스는 만족한 직원으로부터 나온다는 철학을 가지고 모든 바리스타를 정직원으로 채용하는 것으로 유명하다.

하워드 슐츠는 이탈리아 노천카페 분위기와 우수한 품질의 원두를 결합하고, 직영체제를 선택해 매장 고유의 분위기와 맛을 더욱 강화했다. 그리고 직원을 단순한 고용인^{Employee}에서 파트너^{Partner}로 재발견해 스타벅스의 고유가치가 실현될 수 있도록 했다. 스타벅스 설립 단계부터 이미 리얼밸류를 창출했던 것이다. 이렇게 스타벅스의 기틀을 다져놓은 후, 2000년 하워드 슐츠는 첫 번째 은퇴를 선언한다.

핵심자산의 강화와
디지털 기술과의 결합
...

하워드 슐츠가 떠나고 몇 년 후 터진 글로벌 금융위기는 커피 업계에도 큰 변화를 불러왔다. 매출 하락에 신음하던 전통적 패스트푸드 강자들이 커피 시장에도 발을 들여놓은 것이다. 맥카페^{McCafe}, 던킨^{Dunkin} 등이 스페셜 커피를 내놓으면서 스타벅스도 경기침체 상황에서 출혈경쟁의 이중고에 처한다. 결국 스타벅스는 경쟁에 맞서 공격적으로 점포를 확대해나가며 '돈만 된다면 무엇이든 판다'는 전략으로 대응하게 된다. 매장 내에서 테디베어 인형을 판매했던 것이 대표적 사례다.

당연히 커피 맛도, 매장 관리도 예전만 같지 못했고 스타벅스의 평판과 이익은 나날이 떨어졌다. 이에 하워드 슐츠는 무너진 스타벅스를 되살리겠다는 각오로 CEO에 복귀한다. 복귀하자마자 그는 미국 내 7,100여 개 매장의 문을 모두 닫고 스타벅스의 핵심가치를 복원하는 '다시 커피에 집중$^{Refocus\,to\,Coffee}$'이라는 프로그램을 시작했다. 우선 그는 완벽한 맛과 향의 에스프레소를 복원하기 위해 전 직원을 재교육했다. 그리고 균일한 품질의 커피를 고객에게 제공하기 위해 커피머신 제조사 '클로버'를 인수하며 품질과 제품 경쟁력을 전보다 더욱 강화했다. 이후 고급 매장인 '스타벅스 리저브'를 별도로 론칭하는데 클로버 머신은 현재 리저브 매장의 전용 기기로 사용되고 있다.

그뿐 아니라 스마트 앱을 활용한 '마이 스타벅스 리워드' 시스템을 도입하고 기존 고객 서비스와 결합해 고객 편의성을 높였다. 이 서비스에 가입한 고객들은 스타벅스 매장에서 인터넷 접속, 주차 등 다양한 서비스를 누릴 수 있을 뿐 아니라 앱을 통해 나만의 레시피를 지정해 어느 매장에서나 본인만의 커피를 주문할 수 있다. 특히 스타벅스코리아 주도로 개발된 '사이렌오더(방문 전 주문·선결제 시스템)'는 스타벅스의 글로벌 표준으로 자리 잡으며 선결제 예치금만 무려 2억 달러를 넘어섰고 스타벅스가 재기하는 발판이 되었다.

온·오프라인 결합
신新비즈니스 모델 제시

...

두 번째 임기를 성공리에 마치고 회사를 떠났던 하워드 슐츠는 디지털 시대에 회사를 더 큰 성장으로 이끌기 위한 사명을 가지고 2022년 3월에 그의 세 번째 임기를 시작한다. 이때 하워드 슐츠가 들고나온 카드는 NFT^{Non-Fungible Token}다. NFT는 '대체 불가능 토큰'이라고 하며 블록체인 기술을 활용해 디지털 자산의 복제를 불가능하게 만들어 희소성을 인정받을 수 있도록 개발된 기술이다. 대부분 예술 및 음악과 연계해 NFT가 발매되고 있으며 주요 글로벌 브랜드들도 이벤트나 독점 프로모션을 위해 이를 사용하기도 한다.

스타벅스 직원들에게 NFT 구상을 발표하는 하워드 슐츠

출처: 스타벅스

　하워드 슐츠는 스타벅스가 가진 고유한 문화와 자산들을 NFT에 담아 발매하기로 했다. 기존의 리워드 시스템에서 고객이 간단한 게임이나 커피에 관련된 퀴즈를 풀어 NFT를 확보하거나, 희소성 있는 NFT를 직접 구매할 수 있도록 해서 스타벅스의 경험이나 독특한 문화를 거래할 수 있는 상품으로 전환한 것이다. 현재 스타벅스의 NFT 서비스는 '스타벅스 오디세이Starbucks Odyssey'라는 이름으로 미국 내에서 시험 운영 중이며 점차 전 세계로 확장해나갈 계획이라고 한다. 이는 스타벅스가 지난 50년간 축적해온 커피 스토리텔링을 디지털 기술과 결합해 스타벅스 고유의 문화가 소비되는 제3의 온라인 공간을 만들고, 이를 새로운 비즈니스 모델로 발전시켜나가겠다는 새로운 여

정을 보여준다.

　스타벅스라는 세상에 없던 개념을 설계하고 실현한 하워드 슐츠가 이제는 디지털 시대에 커피 비즈니스의 새로운 장르를 열고 있다. 스타벅스는 커피 전문점이지만 막대한 선결제 예치금을 보유한 금융 파워도 가졌다. 또한 NFT를 통해 가상공간의 문화 크리에이터로 거듭나고 있다. 스타벅스만의 강점을 새로운 기술과 결합해 리얼밸류를 확장해나가는 하워드 슐츠의 세 번째 행보가 더욱 기대되는 이유다.

리얼밸류 경영 포인트

유·무형 보유자산 활용

‣ 자산 강화: 스타벅스의 독특한 매장 분위기와 고급 원두의 맛과 향 강화

‣ 자산 결합: IT 기술과 스타벅스 시스템을 결합해 새로운 고객 서비스(예: 사이렌오더) 창출

‣ 자산 재발견: 직원들을 단순 판매원이 아닌 가치실현의 파트너로 인식

경제·환경·사회적 가치 창출

‣ 경제적 가치: 제한된 음료 시장을 선결제와 NFT 등 통해 거대한 시장으로 확대

‣ 사회적 가치: 정직원 채용을 통한 고용 창출과 복지 혜택, 판매직에 대한 사회적 인식 개선

REAL VALUE
BIG SHOT

2장

비즈니스의 품격,
수도자형 빅샷

———————

수도자(修道者, Ascetic)

도를 닦는 사람

[네이버 어학사전]

———————

patagonia®

파타고니아 **이본 쉬나드**
지구를 지키는 비즈니스 철학

2018년 〈포브스^Forbes〉는 파타고니아의 설립자 이본 쉬나드^Yvon Chouinard를 '전 세계 억만장자 목록^The World's Billionaires List'에 올렸다. 하지만 당사자인 이본 쉬나드는 〈포브스〉가 자신이 추구해온 가치를 돈으로 왜곡했다며 진심으로 분노했다고 한다. 단지 분노에 그친 것이 아니라 그는 이를 계기로 파타고니아를 사회에 기부하는 방안을 본격적으로 찾기 시작했다.

그렇게 해서 파타고니아 총 지분의 98%는 비영리법인^NPO, Nonprofit Organization인 '홀드패스트 컬렉티브^Holdfast Collective'에 양도되었으며, 나머지 2%는 특수목적법인인 '파타고니아 목적 신탁^Patagonia Purpose Trust'에 양도되었다. 그리고 창업자 이본 쉬나드는 CEO에서 내려와 그가 진정으로 꿈꿔왔던 자연인이 되었다.

파타고니아 설립자 이본 쉬나드

출처: Campbell Brewer

　홀드패스트 컬렉티브가 보유한 파타고니아의 지분 98%는 의결권이 없으며 매년 파타고니아 매출의 1%에 해당하는 금액을 환경운동에 사용한다. 파타고니아 목적 신탁은 의결권 주식(2%)을 모두 보유하며, 이사의 선임과 B-Corp* 의무이행 등 파타고니아 철학을 지키기위한 핵심 의사 결정을 담당한다.

　이렇듯 매각이나 기업공개IPO가 아니라 전 재산을 비영리기관과

---

* B Lab이라는 미국의 비영리 단체에서 사회와 환경 문제를 해결하기 위해 비즈니스의 힘을 사용하는 새로운 유형의 기업에 부여하는 인증

신탁으로 이전한 것은 '사업은 지구를 지키는 수단'이라는 이본 쉬나드 본인의 철학을 계속 유지하면서 동시에 〈포브스〉 억만장자 반열에 오르게 된 오명(?)을 씻기 위한 선택이었다. 그동안 이본 쉬나드가 어떻게 사업을 통해 지구를 지켜왔는지 하나씩 살펴본다.

전체 비즈니스 프로세스의
지속가능성 강화

• • •

젊은 시절 암벽 등반가였던 이본 쉬나드는 암벽에 박힌 피톤 Piton(암벽 등반 시 로프를 고정하기 위해 바위에 박아 넣는 금속 못)들로 처참하게 부서진 암벽을 보고 자연과 환경에 관심을 가지게 된다. 그리고 피톤을 대체할 클립을 직접 만들어 주변 사람들에게 나누어주곤 했는데, 클립을 써본 사람들로부터 직접 사업을 해보면 어떻겠냐는 권유를 받아 등반장비 사업을 시작하게 되었다. 그렇게 처음 설립한 회사의 이름은 쉬나드 이큅먼트Chouinard Equipments Co.Ltd였다. 이후 등산장비를 넘어 의류까지 생산하게 되면서 지금의 아웃도어 브랜드 파타고니아가 탄생했다.

애초에 이본 쉬나드가 사업을 시작한 계기가 환경을 지키는 것이었던 만큼 파타고니아는 '자연을 파괴하지 않는 제품'을 만들어 성장해왔고, 점차 '인간과 자연의 지속가능한 공존 프로세스'를 만드는 기

파타고니아 가치사슬별 지속가능 비즈니스 특징	
가치사슬 단계	지속가능 철학의 반영
디자인	핵심기능 위주, 오랫동안 사용 가능한 내구성 중심 설계
구매·조달	살충제 사용 금지, 식용 목적으로 도축된 가금류 깃털 사용
생산관리	사회적 책임을 이행하는 기업과 장기적 파트너십 구축
마케팅	제품 카탈로그를 환경보호용 매체로 활용
고객 서비스	구입 시기와 상관없는 철저한 수선 정책, 찾아가는 서비스
사업관리	인위적 고성장 지양(기업 비상장 유지, 외부 차입 없음)

출처: 이본 쉬나드, 『파도가 칠 때는 서핑을』(2020) 챕터별 핵심내용 요약

업으로 진화해왔다. 처음에는 기능성과 내구성 그리고 세탁과 관리의 용이성을 중시하며 환경영향을 최소화하는 제품생산에 주력했다. 나중에는 친환경 소재의 조달, 친환경 공급망 구축, 고객 서비스를 통해 구매한 옷을 오랫동안 사용하도록 유도하는 등 의류 비즈니스 전반에서 환경영향을 최소화했고, 나아가 고객까지 포함하는 지속가능한 생산과 소비의 패턴을 창출하기에 이르렀다. 지속가능 철학을 전체 비즈니스 프로세스에 접목해 파타고니아만의 독특한 스타일을 만들어온 것이다.

이러한 철학은 파타고니아가 2011년 블랙 프라이데이 행사에서 내걸었던 '이 자켓을 사지 마세요Don't Buy this Jacket!' 캠페인에서 빛을 발한다. 이 캠페인은 비록 환경 영향을 최소화한 파타고니아 의류일지

라도 자꾸 새 옷을 사기보다는 한 번 구매한 옷을 수선해가며 오래 입는 것이 궁극적으로 지구 환경에 도움이 된다는 솔직하고도 겸허한 메시지로 지금까지도 회자되고 있다.

파타고니아 스타일을
식품·주류 분야로 확장
...

등산장비와 아웃도어에서 만들어진 '파타고니아 스타일'은 식품과 주류 사업으로 이어졌다. 그들의 방식을 지구를 살릴 수 있는 다양한 분야와 결합한 것이다. 파타고니아 프로비전Patagonia Provision은 아웃도어와 마찬가지로 친환경 농법을 통해 만들어진 제품 생산뿐 아니라 제품을 생산하고 소비하는 모든 과정이 궁극적으로 생태계의 복원과 자연재생으로 이어질 수 있도록 고려한다.

예를 들어 연어 양식은 양식장에서 사용하는 어구에서 발생하는 미세플라스틱, 연어 배설물로 인한 수질오염, 양식 연어에서 발생하는 기생충 등 다양한 환경문제를 야기한다. 파타고니아 프로비전은 이를 막기 위해 야생 연어를 활용해 제품을 생산한다. 다만 연어를 잡기 전에 철저한 생태조사를 수행해 포획지에서 연어 개체 수를 측정하고 포획이 가능한 연어의 수량을 산출해 생태계가 파괴되지 않도록 한다. 이렇게 신중하게 포획되고 가공된 연어 제품은 판매된 만큼 연

출처: 파타고니아 프로비전

어 양식을 줄이는 데 기여한다. 연어 양식을 대체해 환경영향을 줄이고자 한 것이 파타고니아의 의도다.

연어 외에도 파타고니아의 버팔로 육포는 공장식 축산으로 생산된 소고기를 대체할 뿐 아니라 버팔로 방목 과정에서 토양이 비옥해지는 효과를 노린다. 또한 뿌리가 3m까지 자라는 다년생 밀인 컨자 Kernza*로 맥주를 제조해 공기 중 이산화탄소를 포집하는 한편 토양 개

• 미국 랜드 연구소에서 개량한 밀 품종. 1년생 밀과 달리 밀밭을 매번 경작할 필요가 없어 친환경적이며, 긴 뿌리를 이용해 토양 속에 탄소를 저장하는 효과가 있음

선 효과도 만들어낸다.

이렇듯 비즈니스를 통해 지속가능성을 회복하려는 이본 쉬나드의 철학은 향후 파타고니아가 의류와 식품을 넘어 또 다른 분야로 확장해갈 수 있음을 시사한다. 기존 비즈니스 체계에서 야기되는 환경문제를 파악하고 이를 대체할 수 있는 방식과 기술을 찾아 접목해 지속가능성을 높이는 것이 바로 파타고니아가 지구를 지키는 방식인 것이다.

고객을 파타고니아 철학 이행의
핵심 파트너로 재발견

...

이본 쉬나드에게 고객은 수익원이라기보다는 지구를 되살리기 위한 파트너다. 고객이 파타고니아의 옷을 사서 입고, 연어와 맥주를 구매할 때 전체 생태계의 지속가능성이 높아지기 때문이다. 옷을 많이 사주는 고객이 고마운 것이 아니라 파타고니아의 옷을 사주는 고객이 많아지는 것이 그가 진정 원하는 것이다. 그래서 본인 스스로도 파타고니아에서 만든 티셔츠를 20년째 입고 다니며 각종 공식 행사에 참석하고 있다.

비슷한 맥락에서 파타고니아는 사업 초창기부터 자사 제품을 구매하는 고객에게 철저한 애프터 서비스를 제공한다. 고객들이 새 옷을 덜 사게 하기 위해 세탁이 용이한 제품을 만들고, 바느질 도구와 함께 수선 동영상을 제공하는 것도 모두 그 일환이다. 그뿐인가? 전국의 산과 바다에 이동식 수선 서비스 팀을 보내 파타고니아에서 만든 옷뿐 아니라 다른 회사에서 만든 옷들도 정성스럽게 수선해주곤 한다. 고객들이 중고제품을 구매하도록 장려하기도 하는데 이베이$^{e-Bay}$에서 검색창에 'Patagonia'를 검색하면 파타고니아 중고제품들이 상단에 올라온다고 한다. 파타고니아의 옷을 구매하려는 잠재고객들에게 먼저 중고제품을 고려해보도록 유도하는 것이다.

이렇듯 고객은 파타고니아의 제품을 사거나 갖게 되는 순간 이본 쉬나드의 철학에 '동참'하게 된다. 파타고니아의 제품과 브랜드에는 이러한 가치가 투영되어 있기 때문에 고객 스스로 환경을 지키는 데 일조한다는 인식을 갖게 한다.

한때 친환경 붐을 타고 월스트리트 금융인들 사이에서 파타고니아의 플리스 조끼가 유행한 적이 있었다. 이를 전해 들은 이본 쉬나드는 성장 지상주의를 상징하는 월스트리트가 자사의 철학을 이용한다며 "환경에 도움이 되지 않는 기업들에게는 제품을 팔지 않겠다."라고 불매를 선언하기도 했다.

이본 쉬나드는 자신의 철학을 비즈니스 전 과정에서 구현하고 강화한 장본인이자, 그 원리를 다른 사업 분야의 환경문제에 결합하고, 환경문제 해결의 진정한 파트너로서 고객을 재발견한 진정한 리얼밸류 빅샷이다. 나아가 기업과 비즈니스를 지구를 위한 문제 해결의 수

단으로 '재발견'한 것인 만큼, 지속가능 경영을 추구하는 기업이라면 파타고니아가 걸어온 길을 되짚어보고 다음 행보에도 주목할 필요가 있다.

리얼밸류 경영 포인트

유·무형 보유자산 활용

‣ 자산 강화: 지속가능한 생산체제와 친환경 공급망 강화

‣ 자산 결합: 지속가능 비즈니스 방식을 의류에서 식품과 주류까지
　　　　연계·확장

‣ 자산 재발견: 구매자(고객)를 지속가능 전략 실천의 핵심 파트너
　　　　로 인식

경제·환경·사회적 가치 창출

‣ 경제적 가치: 지속가능한 비즈니스의 사업적 성공모델 제시

‣ 환경적 가치: 파타고니아 의류, 식품, 주류 등을 통해 환경복원과
　　　　지속가능 소비 창출

‣ 사회적 가치: 사회적 비즈니스의 롤모델을 제시하고 창출된 수익
　　　　을 사회에 환원

REAL VALUE
BIG SHOT

유니레버 폴 폴먼
건강하고 친환경적인 삶의 동반자

유니레버는 P&G와 함께 전 세계 소비재 시장을 양분하고 있는 글로벌 대기업으로, 현 시대를 대표하는 100년 기업 중 하나다. 유니레버는 2001년 사상 최대 매출을 기록한 후 수익성 면에서 줄곧 내리막 길을 걷게 된다. 성장 과정에서 브랜드들이 너무 많이 늘어나고 관리 비용이 지나치게 높아졌기 때문이다. 유니레버의 수익성 하락은 그로부터 장장 10년이나 더 이어졌고, 지친 주주들의 원성은 그만큼 높아져갔다. 이러한 절체절명의 순간에 유니레버 이사회는 경쟁기업인 P&G에 근 30년간 몸담았으며, 또 다른 경쟁사인 네슬레^{Nestle}에서 CFO로 있던 폴 폴먼^{Paul Polman}에게 회사의 명운을 맡기기로 하는 중대한 결정을 내렸다.

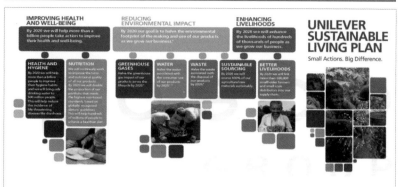

폴 폴먼이 도입한 USLP

2020년까지,
- 10억 명의 사람들에게 더 나은 건강과 삶을 제공
- 제품 생산에서 발생하는 환경영향을 절반으로 줄임
- 사업장이 소재한 곳의 수십만 명의 사람들에게 더 나은 생계수단을 제공

출처: 유니레버

유니레버를
지속가능 챔피언으로 탈바꿈

•••

2009년, 폴 폴먼이 막 부임했을 때 투자자나 내부 임직원 모두 그가 강도 높은 구조조정을 펼칠 것이라고 예상했다. 하지만 예상과 달리 그는 USLP^{Unilever Sustainability Living Plan}라고 하는 지속가능경영 전략 프레임워크를 발표해 모두를 놀라게 했다. 그럴 만도 한 것이 추락하는 기업을 살리라고 어렵게 적진에서 영입한 CEO가 '구조조정'이나 '수익성 개선'이 아닌 '환경보호'와 '지속가능한 지구' 그리고 '빈곤퇴치'를 들고 나왔기 때문이다.

하지만 폴 폴먼이 기치를 내건 USLP는 자세히 살펴보면 성장 지향 전략이다. 우선 그는 건강과 위생, 환경영향 감소, 삶의 질 개선이라는 3대 목적에 집중해서 매출을 2배 이상 끌어올리겠다고 천명했다. 그리고 이를 실천하기 위해 친환경 브랜드 강화, 신흥시장 중심 성장, 그리고 높아지는 ESG 기준에 부합하기 위해 지속가능 경영을 내재화하는 노력을 진행했다. 결국 USLP는 폴 폴먼이 P&G와 네슬레 등 다른 기업에서 근무한 경험에 비추어, 향후 지속가능성이 소비재 비즈니스의 성공을 결정하는 핵심요인이 될 것임을 깨닫고 내린 결정이었던 셈이다. 지금부터 USLP를 실현하기 위해 폴 폴먼이 취했던 실행 전략들을 리얼밸류 관점에서 살펴보도록 한다.

친환경 브랜드로서의
이미지 강화

...

폴 폴먼은 취임 초기 회사 재무사정이 많이 어려웠음에도 불구하고 USLP에 부합하는 친환경 브랜드들을 집중 M&A해 유니레버 브랜드 전반의 친환경 이미지를 높였다. 지속가능 식품으로 유명했던 '더 베지테리언 부처The Vegetarian Butcher', 아이스크림 브랜드 '그롬GROM', 차茶 브랜드 'T2'뿐 아니라 깨끗한 이미지를 자랑하는 우리나라 화장품 브랜드 'AHC'도 그 대상이 되었다. 반면 위생과 건강에서 자유로울

더 베지테리언 부처(대체육)

AHC(화장품)

그롬(아이스크림)

타조(차)

출처: 유니레버 PLC

수 없는 냉동식품과 조미료 사업부는 과감히 매각해 유니레버 하면 친환경 이미지가 자동적으로 떠오를 수 있게 했다.

유명 브랜드 외에도 네임밸류는 약하지만 친환경 이미지가 강한 중소기업들도 유니레버의 브랜드 우산 아래로 끌어들여 지속가능한 브랜드를 더욱 강화했다. 친환경 세제와 기저귀를 생산하는 '세븐스 제너레이션Seventh Generation' 등이 대표적이다. 친환경 브랜드들을 전면에 내세우고 그렇지 못한 브랜드들은 매각 또는 철수해 유니레버의 기업 이미지를 단순한 소비재 기업에서 인류의 건강과 풍요로운 삶을 뒷받침하는 이미지로 탈바꿈시킨 것이다. 특히 이러한 친환경 제품들은 친환경 소비에 대한 인식이 정착된 선진시장에서 수익성을 확보하는 데 큰 도움이 되었다.

신흥국 삶의 질 개선으로 새로운 성장 기회 창출

•••

하지만 선진시장에서의 친환경 브랜드만으로 추락하는 유니레버의 위상을 되살리기 어려웠다. 이에 폴 폴먼은 새로운 성장 기회를 갖고 있는 신흥시장에 집중했다. USLP에서 천명했듯이 건강과 위생을 개선해 10억 명의 사람들이 더욱 나은 삶을 영위할 수 있도록 하겠다는 것이 바로 신흥시장 개척의 힌트였다. 폴 폴먼은 단순히 저가 제품을 신흥시장에 판매하는 것이 아니라 자사 제품이 신흥시장 소비자들의 삶의 질 개선에 직접 기여할 수 있는 부분을 찾아 역량을 집중하는 방식을 택했다. 즉 신흥국의 여건과 자사의 제품 기술을 결합해 유니레버와 신흥국 소비자 모두 원원Win-win할 수 있는 새로운 시장 기회를 만든 것이다.

대표적인 예가 베트남에 출시한 컴포트 원 린스Comfort One Rince다. 베트남은 고온다습한 기후 때문에 손빨래가 일상인 나라다. 따라서 세탁시간을 줄일 수 있다면 소비자 삶의 편의성을 크게 높일 수 있게 된다. 이에 유니레버는 세탁 한 번에 헹굼과 섬유유연 효과를 동시에 낼 수 있는 제품을 출시해 베트남 시장에서 큰 인기를 끌었다. 원래 이 제품은 물 절약을 목표로 개발된 제품이었지만 수시로 빨래를 해야 하는 베트남에서는 물 절약보다 세탁시간을 줄여주는 효과를 어필한 것이다.

또 다른 사례는 전기가 필요 없는 퓨어잇Purelt 정수기인데, 전력 사정이 열악하고 식수가 부족한 인도에서 소비자들의 건강과 직결될 수 있는 중요한 제품을 개발한 것이다. 게다가 폴 폴먼은 이 제품을 인도 전역에 공급하기 위해 현지인 중심으로 방문판매 조직을 구축했다. 이는 지역민들에게 안정적인 일자리를 제공해주는 효과도 창출하게 된다. 유니레버는 퓨어잇 정수기를 계기로 인도 시장 깊숙이 진입할 수 있었고, 양질의 일자리를 제공해 인도에서 가장 존경받는 기업으로 인정받게 된다.

또한 폴 폴먼은 국제 구호단체인 유니세프Unicef가 주도하는 '세계 손씻기의 날' 캠페인에 자사 제품을 전량 공급하고 있으며, 유니세프 구호 키트에도 유니레버의 개인 위생 브랜드인 '라이프부이Lifebuoy' 비누가 들어간다. 이를 통해 유니레버는 신생아와 산모를 질병으로부터 구하는 브랜드로 자리매김할 수 있게 되었다.

이뿐 아니라 폴 폴먼은 신흥국 저소득층이 잠재적 구매자로 성장

유니레버 컴포트 린스와 퓨어잇 정수기(위), 세계 손씻기의 날 행사 후원(아래)

출처: unilever.com, 사우스아프리카 정부 공식트위터(@GovernmentZA)

할 수 있도록 다양한 정책을 펼쳤다. 예를 들어 인도에서는 저소득층 여성들을 직판인력으로 채용해 경제적 자립을 돕는 샤크티^{Shakti} 프로젝트를 전개했다. 이 프로젝트는 저소득층 여성들의 삶의 질을 개선하는 데 도움을 주었을 뿐 아니라 유니레버가 경쟁사보다 촘촘한 유통망을 확보하는 데도 크게 기여했다. 또한 현지 여성들에게 미용 교육 기회를 제공하고 나아가 헤어숍을 차릴 수 있도록 지원해 소득증대에 기여하는 활동도 펼치고 있다. 이를 통해 유니레버의 헤어 관련 제품 판매량 증진 효과도 기대할 수 있었을 것이다. 이렇듯 폴 폴먼은 신흥국 여건을 십분 활용해 자사 제품역량을 결합하고 저소득층을 잠재자산으로 재발견하는 전략을 통해 신흥시장을 제2의 성장시장으로 만드는 데 성공했다.

높아지는 ESG 기준에 부합하는
지속가능 경영체제 구축

...

유니레버는 업의 특성상 농산물을 주원료로 사용한다. 연간 소비하는 농산물의 양도 어마어마한데, 매년 전 세계 홍차 생산량의 12%, 토마토 생산량의 7%, 팜유 생산량의 4%를 소비하고 있다. 그렇기 때문에 유니레버가 지속가능한 기업이 되려면 유니레버에 농산물을 공급하는 농민들부터 지속가능한 농법을 갖추어야만 한다. 이에 유니레버는 농산물 생산자들을 위한 지속가능 농업 표준을 만들고 이를 보급하기 위해 많은 시간과 비용을 들이고 있다. 지속가능 농업 표준을 통해 농민들은 생산량 증대뿐 아니라 친환경 농법으로 환경오염을 줄이고 토양을 비옥하게 유지할 수 있게 된다.

농민들이 농업 경쟁력을 높일 수 있도록 지원하는 데 멈추지 않고 이러한 활동들이 실제 현장에서 잘 이행되고 있는지 확인하는 일

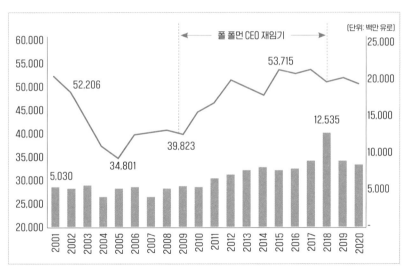

출처: 유니레버 유튜브, 포스코경영연구원(2020)

을 국제 환경단체 옥스팜Oxfam*에 일임해 관리하고 있다. 보통 기업들은 환경단체를 소통하고 설득해야 할 상대방으로 보는 데 비해, 유니레버는 환경단체와의 관계를 적극적 파트너십 관계로 재정의했다. 옥스팜은 유니레버의 지속가능 공급망을 평가할 뿐 아니라 개선할 점도 적극적으로 제안한다. 이를 통해 유니레버는 공급망 리스크를 선제적으로 예방할 수 있으며 나아가 옥스팜이라는 글로벌 환경단체의 눈을 통해 지속가능 경영을 인정받은 만큼 지속가능성을 지향한다는 진정성을 전 세계 고객들에게 어필하는 효과도 얻을 수 있었다.

이처럼 폴 폴먼은 친환경 브랜드 구축, 신흥시장 성장 기회 활용, 그리고 지속가능 경영의 이행을 통해 USLP를 성공적으로 추진했다. 그가 유니레버 CEO로서 모든 과정을 진두지휘했던 기간에 유니레버의 매출액과 영업이익도 큰 폭으로 성장하며 다시 예전의 수익성을 회복할 수 있었다. 그의 성공 비결은 USLP라는 지도를 제시해 회사의 브랜드를 재편하고 이미 가지고 있던 제품들을 새로운 시장의 니즈에 맞게 잘 활용해 새로운 시장에서 성장 기회를 포착했다는 점에 있다. 폴 폴먼이라는 리얼밸류 빅샷을 만나 유니레버는 소비재 기업에서 지속가능성을 선도하는 모범적인 기업으로 거듭날 수 있었다.

• 1942년 영국 옥스포드에서 시작된 국제구호개발기구로, 전 세계 90여 개 나라에서 식수, 위생, 식량원조, 생계자립 및 빈곤퇴치 활동 전개

리얼밸류 경영 포인트

유·무형 보유자산 활용

‣ 자산 강화: 친환경 브랜드 이미지 강화로 경쟁력 제고

‣ 자산 결합: 제품의 차별화된 특성과 성능을 신흥국 여건과 결합

‣ 자산 재발견: 신흥국 저소득층을 미래 잠재 소비계층으로 인식하
고 다양한 지원활동 전개

경제·환경·사회적 가치 창출

‣ 경제적 가치: 지속가능 경영을 통해 유니레버의 경영실적 회복

‣ 환경적 가치: 친환경 제품 개발과 지속가능 농업 통해 생산과정
의 환경영향 최소화

‣ 사회적 가치: 저소득층 건강과 위생증진 및 경제적 자립지원을
통해 신흥국 발전에 기여

세일즈포스 마크 베니오프
기회의 평등을 위한 IT 솔루션 대중화

기업이 새로운 IT 솔루션을 도입하려면 대형 IT 기업(SAP, Oracle 등)을 선정하고, 인프라를 도입하며, 소프트웨어를 설치해 비즈니스 프로세스에 정착시키는 과정을 거쳐야 한다. 이는 짧게는 수개월에서 길게는 수년이 소요되는 대규모 프로젝트다. 도입 기간뿐 아니라 비용도 천문학적으로 소요되기 때문에 웬만한 대기업이 아닌 이상 대규모 솔루션을 도입하는 것은 쉽지 않은 일이다. 그러다 보니 영세한 중소기업이 이러한 솔루션들을 도입하고 활용한다는 것은 꿈도 꾸기 어려운 것이 현실이었다.

세일즈포스SalesForce.com는 이러한 현실에서 중소기업들도 기업용 솔루션을 저렴하게 사용할 수 있는 방법을 고민한 기업이다. 특히 중소기업의 생존과 성장에 꼭 필요한 고객 관계 관리를 체계적으로 지

출처: East News, SalesForce

원할 수 있도록 CRM[Customer Relation Management] 분야에서 독보적인 기업으로 자리매김하고 있다.

세일즈포스의 창업자 마크 베니오프[Marc Benioff]는 클라우드를 이용해 누구든지 저렴하게 기업용 소프트웨어를 사용하게 하자는 아이디어를 냈고, 그 전략은 적중했다. 중소기업뿐 아니라 대기업들도 CRM만은 세일즈포스 솔루션을 도입했고, 덕분에 세일즈포스는 CRM 분

• 사진의 배경에 있는 로고는 소프트웨어를 구매하지 말고 클라우드로 이용하자는 세일즈포스의 초창기 캠페인 로고임

야의 글로벌 1위 기업이 되었다. 마크 베니오프가 클라우드 아이디어를 빠르게 확신시킬 수 있었던 데는 고객의 피드백 중심 개선, 경쟁사 기술과 시스템 적극 도입, 다양성을 중시하는 내부의 철학을 통해 고객들이 세일즈포스의 CRM 도입을 좀 더 신뢰할 수 있도록 만든 노력이 있었다.

고객 피드백 적극 활용
솔루션의 핵심기능 강화

...

사업 초기 마크 베니오프는 처음부터 완벽한 솔루션에 집착하기보다는 기능 면에서 다소 부족해도 차별화된 솔루션을 먼저 선보이고 고객 피드백을 통해 발전시켜나가는 방식을 택했다. 이는 경쟁제품과 무엇이 다른지 보여준 다음에 고객 피드백을 통해 디테일을 강화해 완성시켜나가는 방식이다. 클라우드를 통해 구독 형태로 제공되는 솔루션 특성에 부합하는 전략이기도 하다.

고객 피드백을 중시하는 마크 베니오프의 철학은 세일즈포스가 매년 개최하는 드림포스Dreamforce와 아이디어 익스체인지IdeaExchange라는 형태로 구체화되었다. 드림포스는 세일즈포스의 구독 고객들이 함께 모여 학습하고 토론하는 장으로 발전했고, 아이디어 익스체인지는 실시간으로 고객들의 경험을 공유하고 개선 아이디어를 수렴하는 공

출처: NIRA.COM(nira.com/salesforce-history)

간으로 운영되고 있다. 세일즈포스는 이러한 고객 소통 기회를 활용해서 솔루션을 지속적으로 개선하고 자사 CRM 구독자들에게 매년 3회의 솔루션 업데이트를 제공하고 있다. 고객 입장에서는 타사 제품을 사용하는 것 대비 매번 최신 기능의 제품을 더 저렴한 비용으로 사용할 수 있기 때문에 여러모로 유리하다.

세일즈포스가 처음 사업을 시작할 때 값비싼 솔루션을 도입할 수 없는 중소기업을 타깃으로 했던 만큼, 무엇보다 중소기업 영업맨[Sales-Froces]들이 성과를 올릴 수 있도록 제품을 설계했다. 또한 기존 솔루션

업체들이 뛰어난 성능을 강조했던 데 반해 세일즈포스는 영업사원들이 일선 현장에서 겪는 고충 해결에 집중했다. 게다가 각 회사의 업무 특성에 따라 필요한 추가 기능들은 앱을 통해 저렴하게 제공해 중소 고객사들이 최소의 비용으로 최대의 영업성과를 올릴 수 있게 했다. 이 점이 세일즈포스의 진정한 경쟁력이며 CRM 시장을 지배할 수 있었던 핵심 원동력이다.

경쟁사 기술과 솔루션에도 열려 있는
개방적 기업문화 구축

...

마크 베니오프는 '회사는 사회를 향해 열려 있어야 한다Company being Social'라는 철학을 가지고 있다. 이는 개방성을 중시하는 기업문화로 이어져 업무시간의 1%, 자본의 1%, 제품의 1%를 사회를 위해 사용해야 한다는 '1-1-1 활동'으로 이어지기도 했다. 1-1-1의 일환에서 세일즈포스는 NGO들을 위해서 자사 솔루션을 활용한 업무 플랫폼을 구축해주는 활동으로 박수를 받은 바 있다.

고객에게 열려 있는 개발 방식은 경쟁사에게도 그대로 적용된다. 세일즈포스는 마이크로소프트의 데이터 센터를 활용하기도 하며, 클라우드에서는 직접 경쟁관계에 있는 아마존 클라우드AWS, Amazon Web Service의 음성인식 기술도 적극 도입해 자사 솔루션을 강화했다. 또 구글 애널리틱스와 협업해 세일즈포스 고객이 구글에서 기록하고 저장한 내용들을 자사 시스템에서도 활용할 수 있도록 해서 고객 편의성을 높였다. 경쟁사에도 열려 있는 세일즈포스의 개방성 덕분에 경쟁기업들도 세일즈포스의 방대한 기업고객 풀에 접근할 수 있게 되었고, 반대로 세일즈포스의 제품은 경쟁사들의 첨단 기능까지 더해져 훨씬 더 유용한 시스템이 될 수 있었다.

다양한 경쟁사의 솔루션과 호환되니 고객 입장에서 세일즈포스의 솔루션을 구매해야 할 이점이 하나 더 생긴 셈이다. 저렴한 비용으로 필요한 기능을 강화할 수 있을 뿐 아니라 경쟁기업의 솔루션들과도 확장성을 내포하니 더더욱 쓰지 않을 이유가 없게 된다. 이러한 개방성의 철학은 글로벌 대기업들도 CRM만큼은 세일즈포스의 솔루션을 이용하는 계기로 작용했다.

평등과 다양성의
가치 재발견

...

세일즈포스는 개방성뿐 아니라 다양성도 중시하며, 내부 혁신을 지속하는 데 걸림돌이 될 수 있는 다양성 저해 요소들에 엄격하게 접근한다. 이를 위해 사내에 최고평등책임자^{Chief Equality Officer}를 두고 있으며 모든 사업장에서 어떤 이유로든 보편적 가치와 윤리에서 벗어나는 일이 없도록 신경 쓰고 있다. 이렇게 강도 높은 평등 중시 정책을 펼치는 근본적인 목적은 자사에서 발생한 문제로 인해 CRM 솔루션을 제공받는 고객과의 신뢰가 깨지지 않도록 하기 위함이다. 또한 반대로 고객사가 보편적 가치에서 어긋난다고 판단될 경우에는 자사 CRM을 제공하지 않는다. 일례로 세일즈포스는 총기 제조사에게는 자사 솔루션을 제공하지 않고 있다. 이는 다양한 비영리단체가 업무 관리 솔루션 파트너로 세일즈포스를 선택하는 계기로 작용하고 있다.

　세일즈포스의 직원들도 직급고하를 막론하고 모두 평등하다. 가장 대표적인 예는 'V2MOM'이라는 비전공유 제도다. V2MOM에서 V2는 Vision(자신만의 비전)과 Value(창출하고자 하는 가치)를 의미하고, MOM은 Method(구체적인 실천방법), Obstacle(예상되는 제약사항과 극복방안), Measure(수치로 제시되는 목표)를 의미한다. 모든 세일즈포스 구성원은 각 항목들을 담은 두 페이지 분량의 보고서를 작성한다. 그리고 모든 임직원의 V2MOM은 사내에 공개되기 때문에 직원들은 CEO인 마크 베니오프의 V2MOM도 열람할 수 있다. 이 과정을 통해 직원들은 회사가 무엇을 고민하는지, 누가 무슨 일을 생각하고 있는지 알게 되고 같은 관심사를 갖고 있는 직원들끼리 서로 협력할 수 있게 된다. 업무뿐 아니라 1-1-1 활동을 통해 직급을 떠나 직원들이 관심 있는 분야에서 진정성 있는 협업을 이끌어갈 수 있는 것이다.

　이렇듯 마크 베니오프는 세계 최초로 클라우드를 통해 고객사, 특히 중소고객의 성장을 이끈 리얼밸류 리더다. 불필요한 기능을 최소화하고 소프트웨어를 구매하는 방식을 벗어나 고객에게 꼭 필요한 니즈에 집중하며, 경쟁사들과도 파트너십을 맺어 고객이 솔루션을 활용해 최고의 성과를 낼 수 있도록 지원했다. 이러한 노력들이 좀 더 나은 사회로 이어지도록 1-1-1 활동을 장려했고, 혁신성이 지속적으로 이어질 수 있도록 모든 직원의 평등과 다양성의 가치를 강조한다. 설립 20여 년에 불과한 세일즈포스의 지속 성장과 리얼밸류 창출 경로에 관심을 갖고 주목해볼 필요가 있다.

리얼밸류 경영 포인트

유·무형 보유자산 활용

‣ 자산 강화: 꼭 필요한 핵심기능에만 집중해 값싸고 활용성 높은 솔루션 개발

‣ 자산 결합: 필요하다면 경쟁기업의 기술까지 적극 도입해 제품의 기능 강화

‣ 자산 재발견: 평등과 다양성에 기반해 최고 성과와 협업 유도

경제·환경·사회적 가치 창출

‣ 경제적 가치: 저렴한 비용에 고기능의 CRM 솔루션을 제공해 중소기업들과 상생 성장

‣ 환경적 가치: 거대 솔루션을 클라우드로 대체해 전력, 공간 등 자원낭비 축소

‣ 사회적 가치: 평등한 조직문화 구축과 자발적 사회공헌 강화

REAL VALUE
BIG SHOT

스포티파이 다니엘 에크
아티스트를 위한 스트리밍 서비스

2006년 세계 음반시장은 냅스터^Napster, 파이릿베이^Pirate-Bay 등 불법 무료 음원 다운로드 서비스로 인해 심각한 침체 국면에 빠진 상태였다. 이때 다니엘 에크^Daniel Ek는 무료로 음악을 듣길 원하는 소비자, 정당한 가격을 받길 원하는 아티스트와 음반사들의 니즈를 모두 연결하는 광고 기반 음원 스트리밍 서비스 '스포티파이^Spotify'를 선보여 모두가 윈윈^Win-win 할 수 있는 방법을 만들었다.

사실 2000년도에 선보인 우리나라의 '벅스뮤직'이 이러한 스트리밍 서비스의 시초이고, 상용 스트리밍 서비스도 2004년 출시된 '멜론'이 스포티파이보다 2년 앞선다고 볼 수 있다. 그러나 글로벌 관점에서 보면 스포티파이의 점유율이 압도적이며, 현재 우리나라 스트리밍 서비스들은 국내 시장에만 국한되어 있는 상황이다.

자료: 스포티파이, Midia Research.Com

후발주자임에도 스포티파이가 전 세계 음원 스트리밍 시장을 단기간에 석권할 수 있게 된 데는 3가지 요인이 있다. 첫 번째, 아티스트와 음반 제작사들을 존중하고 음원 제공에 대해 충분히 보상하는 것은 물론, 아티스트를 돕는 다양한 기술 지원 서비스를 제공했다. 그 결과 가장 많은 음원을 확보할 수 있었다. 두 번째, AI를 이용해 고객들에게 최고의 추천 서비스를 제공해 고객 충성도를 높여왔다. 마지막으로 직원들의 실패경험에서 솔루션을 찾는 고유한 조직문화를 구축해 조직이 자율적으로 성장할 수 있는 기반을 마련했다. 이를 통해 변화 속도가 빠른 음원 스트리밍 산업에서 서비스 경쟁력을 높일 수 있었다. 각각에 대해 좀 더 자세히 살펴본다.

윈윈 모델을 제시한
음악계의 넷플릭스

...

스포티파이는 아티스트와 음반사들의 이익을 최대한 보장해줌으로써 가장 많은 음원을 보유한 스트리밍 서비스가 될 수 있었다. 경영 여건이 좋지 않을 때도 음원 저작권료를 경쟁사보다 높게 책정해 중요 음반사들을 유치했고 고객에게 더 넓은 선택의 폭을 제공했다. 일례로 미국 시장에 진입할 당시에 미국 토종 스트리밍 서비스 제공업체 판도라^{Pandora}보다 더 높은 저작권료를 지불해 메이저 음원사들을 확보했고, 이를 기반으로 가입자 수를 큰 폭으로 늘릴 수 있었다.

스포티파이가 저작권료를 정당하게 책정한 데는 무엇보다 아티스트와 창작자들을 중시하는 사고방식이 자리 잡고 있다. 2021년 기준 스포티파이의 총 매출액은 97억 달러, 이 중 매출원가는 70억 달러이며 대부분 음원 저작권료인 것으로 알려져 있다. 이 때문에 주주들은 더 높은 수익성을 창출하기를 바라며 현재 지불하고 있는 저작권료를 경쟁사 수준으로 낮추라고 요구했지만 다니엘 에크는 이들의 요구를 단호히 일축했다. 아티스트들에게 정당한 이익을 보장해주어야만 전체 시장이 성장할 수 있다는 확고한 믿음 때문이었다.

음반사와 아티스트들을 중시하는 사고방식은 단지 정당한 저작권료 지불에서 멈추지 않는다. 다니엘 에크는 아티스트들을 지원하기 위해 다양한 방식을 고민하고 이를 기술적으로 실현시켜왔다. '아티스트를 위한 스포티파이^{Spotify for Artist}'라는 앱을 개발하고 이를 아티스트들에게 무료로 제공한 것이 대표적인 사례다. 이 앱은 축적된 고객 플레이 정보를 토대로 아티스트들이 앨범 발매 전략을 어떻게 세우는 게 좋을지 지원해준다. 예를 들어 아티스트가 본인이 만든 음악을 전 세계 팬들에게 공개하면 팬들이 언제, 얼마나 자주 새로운 음악을 재생하는지에 대한 정보가 아티스트에게 제공된다. 그러면 아티스트는 새로운 곡에 대한 각종 통계자료를 토대로 언제 앨범을 출시할지 혹은 어디로 발매 투어를 떠날지 등의 계획을 세우는 데 도움을 받게 된다.

이처럼 음원을 창작하는 아티스트들과의 관계를 강화하고 스포티파이를 매개로 아티스트와 고객 모두가 윈윈할 수 있도록 만든 것이 스포티파이가 현재 점유율 1위를 달리는 비결이다.

AI와 보유 음원을 결합해
맞춤형 추천 서비스 제공

...

다니엘 에크는 방대한 음원을 소비자에게 맞춤형으로 제공하기 위해 AI 기술을 적극 도입했다. 그 결과 스포티파이만의 독자적인 추천 시스템을 구축하는 데 성공한다. 이를 위해 그는 2013년부터 데이터 분석 스타트업들을 집중적으로 인수했다. 그리고 이들이 보유한 분석 기술을 축적된 데이터와 결합했고, 15억 개 이상의 고객 플레이 리스트를 활용해 개인 맞춤형 큐레이션 서비스를 제공하기 시작했다. 이 중에서도 가장 대표적인 사례가 '디스커버 위클리^{Discover Weekly}'다.

이 서비스는 유료 회원들을 대상으로 제공되며 각 회원의 개인적 취향에 맞도록 선정된 음악을 한 주에 30곡씩 추천해준다. 디스커버 위클리의 추천 정확도는 상당히 높아 이제는 스포티파이 고객들이 가장 자주 사용하는 서비스로 성장했다.

이와 별도로 다니엘 에크는 재생 이력이 빈약한 신곡들이 소비자들의 플레이 리스트에 추천될 수 있는 알고리즘을 개발하기도 했다. 아무래도 신인 아티스트들이 만든 곡은 사전 정보와 플레이 이력이 부족하기 때문에 축적된 데이터를 기반으로 고객에게 음악을 추천하는 기존 방식이 위력을 발휘할 수 없다. 그래서 다니엘 에크는 신곡 자체를 분석해서 고객들의 취향과 매칭되는 부분이 있는지 파악하고 1차적으로 매칭된다고 판단되는 고객에게 이 곡을 추천해 음악이 재생되는 패턴을 축적해나갔다. 그리고 점차 재생 이력이 늘고 패턴이 축적되면 이를 다른 고객들에게도 추천하는 일종의 탐색과 활용 알고리즘을 만든 것이다.

단지 기술의 활용을 넘어 새로운 AI 기술로 인지도가 부족한 신규 아티스트들에게 도움을 주고 나아가 음악 소비자들에게 다양한 신곡이 전달되도록 만들어 산업의 저변을 넓힌 것이 스포티파이의 진정한 공헌이라 할 수 있을 것이다.

빨리 실패하고
철저히 '재발견'하는 문화 정립

...

경쟁이 치열하고 변화 속도가 빠른 음원 스트리밍 서비스 산업에서 무엇보다 중요한 것은 신속한 개발과 시스템의 업그레이드다. 완벽한 시스템을 만들겠다고 마냥 매달려 있을 수도 없고, 그렇다고 선부르게 엉성한 시스템을 도입하면 공든 탑이 한순간에 무너질 수도 있기 때문이다. 그래서 다니엘 에크는 사업 초창기부터 직원들에게 누구보다 '빨리 실패'할 것을 강조하고 실패를 통해 배우는 회사를 만들려고 노력했다. 그래서 탄생한 제도가 실패의 벽$^{Fail Wall}$이다.

스포티파이의 스쿼드$^{Squad•}$는 화이트보드로 둘러싸인 방에서 일하며 프로젝트를 진행하며 발생한 '실패경험'들을 벽에 붙여 공유한다. 그리고 그 원인을 구성원끼리 치열하게 토론하고 무엇이, 왜 잘못되었는지 철저히 밝혀 해결책을 찾아나간다.

실패의 벽 문화는 자율적 문화 위에서 직원들이 스스로 협력하고 배우는 스포티파이의 대표적인 업무 방식으로 자리 잡았다. 그리고 훌륭한 혁신으로 이어진 좋은 실패를 별도로 포상하기도 하는 등 실패의 과정과 경험을 통해 조직이 성장할 수 있는 문화를 만들었다. 앞

• 스포티파이에서 팀을 이루는 가장 작은 단위

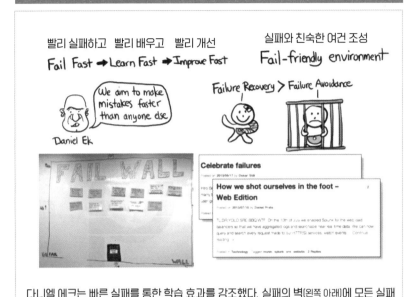

다니엘 에크는 빠른 실패를 통한 학습 효과를 강조했다. 실패의 벽(왼쪽 아래)에 모든 실패를 신랄하게 기록하고, 좋은 실패를 축하(?)하는 일상의 모습을 엿볼 수 있다(오른쪽 아래).

출처: engineering.atspotify.com

에서 언급한 디스커버 위클리 같은 스포티파이의 대표 성과들도 실은 실패의 벽을 통해 만들어진 것이다.

원래 디스커버 위클리는 2014년에 고객들을 위한 크리스마스 선물 기획 프로젝트에서 출발했다. 팀원들은 토론을 거쳐 이 기획안을 일회성 이벤트에서 그치지 않고 가입자별 유료 서비스로 확대 발전시키기로 했다. 여기에 이용자들에게 음악을 추천해주는 'Discover' 기능을 덤으로 추가했는데, 그 과정에서 수많은 프로그램 오류뿐 아니라 익숙한 콘텐츠만 반복적으로 추천하는 버그가 발견되었다. 이 문제를 실패의 벽에 붙여놓고 끊임없이 토론하며 고쳐나갔고, 마침내 내부 임직원들을 대상으로 그 정확도를 평가하는 단계에까지 이르렀다. 디스커버 위클리가 'Weekly'가 된 배경도 실패학습 과정에서 가장 최적의 추천 간격이 주 단위임을 알게 되었기 때문이다.

사실 다니엘 에크 본인은 디스커버 위클리 개발 당시 프로젝트 추진 방향에 대해 썩 내켜하지 않았으나 담당 조직이 스스로 학습하며 프로젝트를 완수해내는 모습을 보고 감명받아 회사의 자율성을 더욱 높이는 계기가 되었다고 한다.

음원 시장에서 새롭게 부상하고 있는 리얼밸류의 다크호스, 다니엘 에크의 성공비결은 아티스트와의 관계를 지속적으로 강화하고, AI와 축적된 고객 데이터를 결합해 최적의 추천 시스템을 찾아내며, 직원들이 실패 속에서 가치를 '재발견'하는 문화를 만들어낸 데 있다. 스포티파이는 파트너, 고객, 직원을 위한 가치 창출이 바로 리얼밸류 경영의 핵심단서임을 잘 보여주고 있다.

리얼밸류 경영 포인트

유·무형 보유자산 활용

‣ 자산 강화: 음원의 가치를 인정하고 정당한 저작권료를 지불해
음원 보유량 확대
‣ 자산 결합: AI 기술을 결합해서 고객 맞춤형 음악 추천, 신규 아티
스트에게 홍보 기회 제공
‣ 자산 재발견: 실패경험을 새로운 혁신의 자양분으로 활용

경제·환경·사회적 가치 창출

‣ 경제적 가치: 음원에 대한 가치를 제대로 평가하고 보상해 전체
음반 시장의 성장 견인
‣ 사회적 가치: 불법복제 등 IT 기술의 부작용을 해소하고 소비자
와 아티스트 간 공생 기회 개척

화이자 앨버트 불라
코로나19 팬데믹에서 인류를 수호

미국 뉴욕에 본사를 두고 있는 화이자^{Pfizer}는 1849년에 설립된 글로벌 제약회사다. 2022년 기준 매출 1,003억 달러를 기록하며 글로벌 제약산업 1위에 올랐다. 화이자가 기록한 이 매출 실적은 글로벌 제약 업계에서도 역대 최대 실적으로, 그동안 제약 업계 부동의 글로벌 1위인 J&J(존슨앤존슨)은 화이자에 밀려 2022년 2위로 추락했다. 화이자의 이러한 성공은 코로나19 팬데믹 상황을 돌파한 결과 이룩한 것이다.

목적지향형 혁신으로
최단 기간 내 코로나19 백신 개발

...

2019년 12월 31일, 중국 정부는 세계보건기구^{WHO, World Health Organization}에 후베이성 우한에서 불가사의한 바이러스가 검출됐다고 공식적으로 보고했다. 전 세계가 정체를 알 수 없는 바이러스의 공포에 시달렸고 수많은 생명이 희생되었다. 그로부터 1년이 채 되지 않은 2020년 12월 8일, 영국의 90세 여성 마거릿 키넌^{Margaret Keenan}은 화이자와 바이오엔테크^{BioNTech}가 공동 개발한 세계 최초의 mRNA 백신을 접종받을 수 있었다. 전례 없는 팬데믹 위기 상황에서 인류를 구원할 코로나19 백신이 탄생한 것이다. 2021년 11월, 화이자는 코로나19 치료제인 팍스로비드^{Paxlovid}를 개발해 이제 백신과 치료제를 모두 생산하는 유일한 기업이 되었다.

화이자의 CEO인 앨버트 불라^{Albert Bourla}는 1993년 화이자에 입사한 후 2018년 COO^{Chief Operating Officer, 최고운영책임자}를 거쳐 2019년 CEO로 취임했다. 그는 화이자를 목적^{Purpose} 중심의 과학 혁신 기업으로 변화시키고 위기 상황에서 창의적 돌파구를 마련할 수 있도록 리더십을 발휘해 취임 1년만에 닥친 팬데믹 위기 상황에서 단 9개월만에 백신 개발을 성공시켰다.

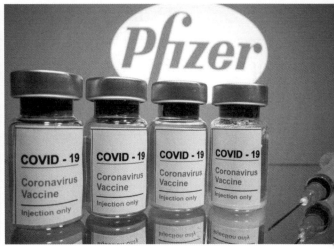

출처: 포춘US, 로이터

과학 기반 혁신을 위한
파이프라인 자산 강화

• • •

앨버트 불라는 2019년 CEO 부임 직후 미래지향형 혁신사업에 전념하기 위해 대규모 사업 포트폴리오 조정을 실시했다. 시장점유율이 낮았던 컨슈머헬스케어 사업은 경쟁사인 글락소스미스클라인^{GSK}의 유사 사업과 합병을 추진해 비상장기업으로 재탄생시켰다. 또 지속적으로 매출이 감소하는 추세였던 특허 만료 의약품 사업부 업존^{Upjohn}을 제네릭 및 특수 의약품 제약회사인 마일란^{Mylan}과 합병해 복제약 전문 기업인 비아트리스^{Viatris}로 재탄생시켰다.

출처: 화이자

이 2개 사업부는 2018년 기준으로 화이자 전체 매출의 25% 이상을 차지할 정도로 규모가 큰 사업부였다. 게다가 진통제 애드빌, 영양제 센트룸, 혈압약 노바스크, 발기부전 치료제 비아그라 등 화이자를 대표하는 상징적인 의약품을 출시한 곳이라 이를 내보내는 것은 결코 쉽지 않은 결정이었다. 그럼에도 불구하고 양적 성장보다는 혁신적인 핵심사업에 주력해 경쟁력을 높여야 한다는 생각으로 결단에 옮겼다.

불라는 화이자의 과학 역량과 파이프라인 자산을 강화하기 위해 수십억 달러를 투자해 여러 생명공학 회사를 인수하고 역량을 내재화하는 데 나섰다. 그가 인수한 주요 기업으로는 비베 테라퓨틱스 Vivet Therapeutics(2019.3), 테라콘Therachon(2019.5), 어레이 바이오파마Array

Biopharma (2019.6), 바이오헤이븐 파마슈티컬Biohaven Pharmaceuticals (2019.10) 등을 들 수 있다. 이 기업들은 재무적으로는 적자 상태였지만 유망한 기술 역량을 보유하고 있어 화이자가 과학적으로 강력한 입지를 구축하는 데 기여할 것으로 기대되었다. 특히 2019년 6월 인수한 어레이는 신약 개발이 어려운 암 등을 치료하기 위한 표적 약물 개발로 유명한 생명공학 기업이다.

회사 내부적으로는 이사회에 과학 분야 전문가를 영입하고 CEO 직속의 최고디지털책임자CDO, Chief Digital Officer 직을 신설해 디지털 혁신 역량을 강화하는 데 집중했다. 불라는 이사회에 3명의 과학계 리더들을 영입하고 R&D와 디지털 분야 예산을 대폭 늘려 이러한 변화를 적극적으로 지원했다. 화이자의 첫 CDO로 취임한 리디아 폰세카Lidia Fonseca는 미국 최대 진단의학 정보업체인 퀘스트 다이아그노스틱스Quest Diagnostics 출신으로 디지털 솔루션을 활용한 치료법의 전문가다. 리디아는 우선 R&D 부문을 디지털화해서 협업과 투명성, 속도를 높이는 데 착수했으며, 이는 2020년 본격적으로 코로나19 백신을 개발할 때 후보 물질의 발굴과 검증, 임상시험 진행 등을 효율적으로 수행할 수 있는 밑바탕이 되었다.

화이자와 함께 코로나19 백신을 공동 개발한 독일 바이오엔테크BioNTech는 2018년 불라가 COO 재임 당시 mRNA 방식으로 독감 백신을 개선하고자 공동 프로젝트를 진행하던 파트너사였다. 화이자는 그동안 주로 아데노바이러스와 단백질 기술 플랫폼으로 여러 백신을 성공적으로 개발해왔다. mRNA는 화이자가 사용하지 않던 새로운 기술 플랫폼 방식이었다. 그런데 2010년대 이후 mRNA 방식이 가진 유용성에 대한 연구 결과들이 속속 발표되자 독감 백신에 이를 접목해보고자 시도한 것이다. 즉 새로운 과학기술을 적극적으로 받아들일 준비가 이미 있었다고 볼 수 있다. 코로나19 백신 개발을 위해 협력하는 과정에서도 과학적 성과를 최우선시한다는 원칙으로 계약을 진행했다.

환자 중심 조직의
존재목적 각인과 기업문화 재구축
...

불라는 CEO로 부임한 지 2주 만에 화이자의 존재목적을 재정의하고 확실한 공감대를 형성하기 위해 전 세계 1천여 명의 임원을 플로리다로 소집했다. 이 자리에서 그는 화이자가 환자의 삶을 변화시키는 혁신Breakthroughs that change patients' lives을 위해 존재하는 기업이라는 인식을 명확히 공유했다. 존재목적의 새로운 정의에 '약'이나 '백신'을 언급할지에 대해 많은 논쟁이 있었으나, 기술 간 경계가 모호해지고 미래를 향한 과학 연구를 포괄한다는 차원에서 최종적으로 '혁신'이라는 단어를 사용하기로 결정했다.

단순히 존재목적을 선언하는 데 그치지 않고 이를 전 세계 모든 직원에게 전파하기 위해 화이자의 새로운 문화를 대표하는 4단어 캠페인을 전개했다. 4단어는 존재목적의 지향점과 연결되는 핵심가치로 구성되며 각각 용기^{Courage}, 탁월함^{Excellence}, 공정^{Equity}, 기쁨^{Joy}이다. 화이자의 임직원은 원대한 생각을 바탕으로 불확실성이나 역경에 직면했을 때 관습에 도전하는 용기를 가지며, 중요한 일에 집중하고 탁월한 실행력을 통해 환자의 삶에 도움이 되는 성과를 만들어내야 한다. 또 누구나 주목받고 보살핌을 받을 수 있도록 포용력과 진정성을 가지고 의료 서비스 격차를 해소해야 하며, 직원 개개인이 맡은 일에 최선을 다하고 서로를 인정하며 즐기면 목적을 달성하는 과정에서 기쁨과 자부심을 느낄 수 있다고 강조한다.

　이러한 핵심가치는 불라가 추진한 코로나19 백신 개발 과정에서 매우 잘 드러난다. 팬데믹 초기에 코로나19 백신을 개발하는 것은 회사 입장에서 막대한 비용이 요구되지만 성공은 담보할 수 없는 매우 위험한 일이었다. 당시 화이자의 CFO$^{Chief Financial Officer, 최고재무책임자}$인프랭크 디아멜리오$^{Frank\ D'Amelio}$는 백신 개발에 투입될 막대한 초과 예산에 대해 우려를 표명했다. 또 화이자 바이오제약그룹의 안젤라 황$^{Angela\ Hwang}$ 사장은 임원 회의에서 "수십억 달러의 손실이 예상되는 고위험 저수익 프로젝트로 인해 상장기업으로서 큰 리스크에 직면하게 될 수 있다."라는 의견을 제기하기도 했다.

그러나 불라를 비롯한 임원들은 당장의 수익보다는 생명 보호가 먼저라는 데 최종적으로 동의하고 백신 개발에 착수하기로 했다. 당시 임원 회의에서 불라는 "올 한 해 적자를 내더라도 시간이 지나면 잊혀지겠지만, 지금 세상을 위해 중요한 무언가를 할 기회를 놓친다면 우리 모두는 그 사실을 영원히 기억할 것"이라며 경영진들을 설득했다.

화이자의 핵심가치는 백신 개발에 성공한 이후 가격을 책정하는 과정에서도 적용되었다. 일반적으로 의약품 가격은 해당 약이 창출하는 가치와 해당 약으로 인한 의료 시스템 비용 감소분 등을 추정해 산정된다. 코로나19 백신의 경우 이러한 표준 가치 계산 방식대로라면 최소 600달러 이상의 금액이 계산되었다. 가격을 조금 낮출 수 있는 대안으로는 대상포진이나 폐렴 등 최근에 개발된 첨단 백신의 가격 하한선에 맞추는 방법도 가능했는데, 이 경우에도 약 150~200달러 수준으로 추산되었다.

하지만 불라는 전 세계적인 팬데믹 상황에서 누구나 동등하게 보호받아야 한다는 원칙에 기반해 기존의 가격 결정 방식과는 다른 논리를 적용했다. 보편성을 강조한다는 측면에서 가장 저렴한 범용 백신인 독감 백신의 가격을 조사해 고소득 국가에는 독감 백신 가격의 최저가, 중상위소득 국가에는 그 절반 정도, 저소득 국가에는 생산 원가에 공급하기로 결정한 것이다. 다만 이 조건으로 백신을 공급받은 국가는 자국민에게 무료 접종을 시행해야 한다는 조건을 달아 평범한 일반 사람들이 부담없이 백신의 혜택을 받을 수 있도록 했다.

또 백신 접종에서 누구도 소외되어서는 안 되며 다양한 모든 계층의 신뢰를 얻는 것이 중요하다고 여겨 임상시험 과정에서 다양성을 확보하는 데 많은 노력을 기울였다. 이를 위해 연령, 인종, 민족, 성별 측면에서 통계적으로 다양한 임상시험 참여자 풀을 만들어 특정 인구집단에서 안전성이나 효능의 차이가 발생하지 않는지 확인했다. 임상시험의 다양성 확보를 위해서는 지역사회 참여가 중요하다는 점을 인식해 다문화 지원기관, 의료기관, 입법기관과 협력해 임상시험 참여자를 모집했다. 최종적으로 임상시험 참여자의 42%는 지리적·인종적으로 다양한 배경 출신이었고 연령대도 골고루 분포되어 있어 보편적으로 신뢰할 만한 백신을 개발할 수 있었다.

업계 관행을 뛰어넘는
획기적 아이디어 도출

...

백신 개발 초기에는 연간 2억 회 접종분의 생산 물량을 계획했으나, 코로나19 상황이 악화되면서 5억, 10억, 25억 회 분으로 목표 생산 물량이 급격히 증가했다. 통상적으로 생산 역량을 확장하기 위해 새로운 생산시설을 짓게 되면 몇 년의 시간이 걸릴 수밖에 없다. 빠른 시간 내에 대량생산을 하기 위해 화이자의 생산팀은 IT 업계에서 데이터센터를 운영하는 방식, 그리고 테슬라의 일론 머스크가 초기에 자동차 생산공장을 건설한 방식에 착안해 백신 생산 라인을 개조했다. 제약 업계와는 전혀 무관한 다른 업종에서 획기적 아이디어를 발견하고 이를 적용한 것이다.

IT 업계에서 운영하는 데이터센터는 방대한 양의 데이터를 처리해야 하는데 이를 효율적으로 수행하기 위해 수백 개의 네트워크 컴퓨터 랙^{Rack}을 갖추고 이 랙에 있는 컴퓨터들이 클라우드 컴퓨팅 작업을 수행하는 방식을 사용한다. 화이자는 이러한 방식에 착안해 연구 목적으로 개발했던 생산 설비, 특히 물질별 맞춤식 고압 펌프와 T-믹서를 모든 생산 틀(LNP 스키드)에 복사해 그들이 동시에 가동되면서 엄청난 양의 백신 생산이 가능하도록 제작*했다.

한편 일론 머스크가 1년 안에 자동차 생산공장을 건설하겠다는 계획을 발표하자 아무도 믿지 않았지만 그는 생산 장비를 아주 가벼운

• 백신은 원료 의약품과 다른 원료들이 특수 혼합 과정 등 일련의 단계를 거쳐 결합된다. 고압 펌프는 각 물질의 제형에 맞추어 정밀한 용량을 제어하는 데 필수적이고, T-믹서는 각 물질을 결합해 백신 구조를 만들어내는 단계를 인공지능 알고리즘으로 제어한다.

구조물 아래 설치할 방법을 찾아내 이를 가능하게 했다. 화이자는 이러한 방식에 착안해 조립식 모듈을 활용하는 아이디어를 개발해냈다. 당초 수년이 걸릴 것으로 예상되던 생산 능력 확대를 수개월 만에 가능하도록 만든 것이다.

데이터센터와 자동차 공장에서 아이디어를 얻어 대량생산의 가능성은 확보했다. 남은 과제는 대량유통이었다. 그동안 mRNA에 기반한 제품은 상업적으로 대량생산한 경험이 없어서 대량유통을 위한 산업 차원의 유통망이 구축되어 있지 않았다. 기존에 사용하던 저장시설과 콜드체인$^{Cold\ Chain}$(저온 유통망)을 활용할 수가 없어 새로운 저장 및 유통방안을 마련해야 했다.

화이자는 우선 기존 창고의 물품과 재료들을 임시 장소로 옮기고 그 자리에 30만 회 접종 분량의 백신을 저장할 수 있는 대형 냉동고 500개를 설치해 '냉동고 농장'으로 개조하는 방법을 고안해서 미국과 유럽 생산공장에 적용했다. 이렇게 하면 총 1억 회 이상 분량을 저장할 수 있게 된다. 일반적인 상황이라면 새로운 부지를 확보해 저장시설을 새로 건설하는 단계를 거치겠지만 한시라도 빨리 백신을 생산해 공급하기 위해서는 그런 여유를 부릴 시간이 없다고 판단했던 것이다.

하지만 대량생산을 하더라도 백신을 실제 전 세계 곳곳의 병원, 약국 등으로 영하 70도의 초저온 상태를 유지하며 안전하게 운반하는 문제가 남아 있었다. 코로나19 백신뿐만 아니라 모든 백신은 항상 유

백신 수송용기 구성 요소

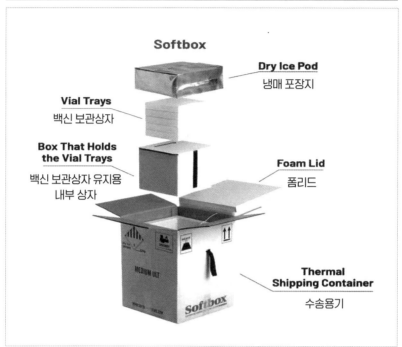

출처: Public Health Foundation

통 과정에서 고객에게 배송되기 바로 직전 단계인 라스트 마일^{Last Mile} 문제를 겪어왔고 화이자는 이러한 문제를 해결하기 위해 온도 조절식 백신 수송용기를 시험한 적이 있었다. 불라는 수송용기에 대한 테스트 단계를 거치기보다는 바로 코로나19 백신 배송에 적용하기로 결정했다.

이 수송용기는 휴대용 여행가방 정도의 크기에 무게는 약 34kg으로 내부에는 백신병 트레이를 최대 5개까지 담을 수 있도록 설계되었다. 각 트레이당 195개의 백신병이 실리고 1병마다 6회 접종분의 백신이 담겨 있으니 수송용기 하나로 총 5,850회 분의 백신을 운반하는 셈이 된다. 이 용기를 드라이아이스로 채우면 1~2주 동안 영하 70도를 유지할 수 있고 접종 현장에 도착하는 즉시 특별 냉동고에 보관하거나 다른 상자에 넣어 드라이아이스를 보충해주면 보관 기간을 늘릴 수도 있다.

이러한 계획을 실행하기 위해서는 약 20억 달러의 비용이 필요했다. CEO 2년 차로서 절대 쉽지 않은 결정이었으나 불라는 옳은 일을 하는 게 우선이라는 생각으로 이사회 멤버들을 한 명씩 설득해가며 동의를 구했다. 사람의 생명을 살리겠다는 그의 의지, 그리고 여기에 동의해준 화이자 이사진들이 결국 코로나19 백신을 탄생시켜 인류를 위험에서 구하는 극적인 리얼밸류를 만들어낸 것이다.

리얼밸류 경영 포인트

유·무형 보유자산 활용

‣ 자산 강화: 과학 기반 혁신에 초점을 맞추어 R&D 파이프라인
　　강화

‣ 자산 결합: 타산업 분야의 지식에서 착안해 획기적 돌파구 마련

‣ 자산 재발견: 제약회사로서 존재목적을 재발견해 코로나19 백신
　　개발 보급에 성공

경제·환경·사회적 가치 창출

‣ 경제적 가치: 코로나19 백신 및 치료제 개발로 시장 선점 및 수익
　　창출

‣ 환경적 가치: 백신 대량생산 및 수송을 위한 혁신적 아이디어 도
　　입으로 자원 절감

‣ 사회적 가치: 신종 감염병 백신과 치료제 개발로 인류의 건강을
　　수호

REAL VALUE
BIG SHOT

3장

가치를 보는 안목,

개척자형 빅샷

개척자(開拓者, Pioneer)

새로운 영역, 운명, 진로 따위를 처음으로 열어 나가는 사람

[네이버 어학사전]

펩시 인드라 누이
음료 시장의 게임의 룰 전환

펩시^{Pepsi}는 100년 넘게 음료 시장에서 부동의 1위인 코카콜라를 추월하기 위해 노력해왔지만 쉽지 않은 도전이었다. 결국 2000년대 들어 콜라만으로는 코카콜라를 이길 수 없다는 것을 깨닫고 획기적인 경영 변혁^{Transformation}을 추진했다. 그 결과 2004년 역사상 최초로 매출 규모가 코카콜라를 능가했고, 2005년 12월에는 112년 만에 시가총액으로도 코카콜라를 앞지르는 성과를 거두었다. 만년 2인자였던 펩시가 드디어 업계 1위 기업으로 도약한 것이다. 당시 펩시의 최고재무관리자^{CFO}로서 이러한 변혁을 주도했던 인드라 누이^{Indra Nooyi}는 탁월한 능력을 인정받아 2006년에 펩시 CEO, 2007년에는 회장으로 취임했다.

인드라 누이가 이런 놀라운 성과를 이룰 수 있었던 비결은 발상의

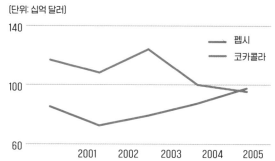

[단위: 십억 달러]

펩시
코카콜라

출처: pepsico.rs

전환, 그리고 이를 뒷받침할 첨단 과학기술의 적극적 활용이었다. 누이는 펩시가 수행하는 비즈니스를 단순한 음료 사업으로 국한하지 않고 사람들에게 건강과 행복을 제공하는 관점으로 재해석해 업業의 의미를 재발견했다. 또 펩시가 지향하는 건강과 행복을 실제 제품으로 구현하기 위해 새로운 과학기술을 도입하는 데 적극적으로 나섰다.

기존에 펩시가 보유한 R&D 역량에 분자생물학 등 새로운 과학기술 분야의 역량을 결합해 사회문제 해결(건강과 행복)에 기여하는 비즈니스를 가시적으로 현실화한 것이다. 그리고 여성 CEO 특유의 감성과 포용 리더십으로 일과 삶을 소중히 여기는 조직문화를 구축하고 임직원의 행복을 강조함으로써 직원들이 변화와 혁신 과정을 즐겁고 발전적인 것으로 받아들일 수 있도록 노력했다.

건강과 행복을 추구하는
비즈니스로 업의 의미 재해석

...

인드라 누이는 우선 비즈니스의 가장 본질적인 질문인 '기업은 어떻게 돈을 버는가'부터 새로운 시각으로 바라보았다. 그 결과 '목적을 가지는 성과$^{PwP, Performance\ with\ Purpose}$'라는 새로운 비전을 도출했는데, 회사의 방향을 완전히 바꾸는 것보다 매일 하는 일상 업무에 새로운 의미를 불어넣는 것이 더 중요하다는 판단이 녹아 있다.

인드라 누이는 PwP의 비전을 달성하기 위해 펩시가 가진 제품과 서비스를 3개 유형으로 재분류하고 유형별로 차별화된 전략을 수립해 추진했다. 감자칩과 탄산수처럼 맛에 중점을 둔 상품은 '즐거움^{Fun}을 제공하는 제품'으로, 오트밀을 비롯한 식품류는 '건강한^{Healthy} 삶을 위한 제품'으로, 나머지 다이어트 식품류는 '더 좋은^{Better} 삶을 위한 제품'으로서 의미를 부여했다.

또 PwP의 비전에 부합하는 제품을 제공할 수 있도록 펩시의 전체 사업 포트폴리오를 변화시키는 데 적극적으로 나섰다. 더 이상 콜라를 필두로 한 탄산음료 기업에 머물지 않고 종합 음료·식품 회사로 거듭나겠다는 목표 아래, PwP 관점에서 분류한 3개 제품 유형 중 '건강' 카테고리에 해당하는 제품 위주로 적극적인 성장전략을 추진했다.

그 일환으로 2010년에는 "청소년 건강을 위해 2012년까지 전 세

출처: PepsiCo

계 모든 학교에 고열량 탄산음료를 팔지 않겠다.”라고 선언했는데, 이를 통해 회사의 의지를 다지고 시장과 소비자들에게 펩시의 새로운 이미지를 확고하게 각인시킬 수 있었다. 2018년에는 스낵업체인 ‘토스티토스’, 야채과일칩 업체인 ‘베어푸드’를 인수하는 등 1998년 인수한 과일주스 업체 ‘트로피카나’와 2001년 인수한 시리얼 및 스포츠음료업체 ‘퀘이커오츠’ 등과 함께 건강 카테고리를 크게 늘리는 데 주력했다.

비즈니스 포트폴리오뿐 아니라 비즈니스를 수행하는 방식에서도 탄소 및 폐기물 발생을 줄이고 물 자원을 보존하기 위한 친환경 노력을 적극적으로 전개했다. 우선 각종 음료 포장에 사용되는 플라스틱병과 비닐류는 생분해가 가능한 친환경 소재로 교체했다. 또한 음료 제조에 사용되는 물이 지구상에서 점점 부족해지는 점을 감안해 물을 절약할 수 있도록 기존의 생산 공정을 개선했다. 아울러 펩시에 음료와 스낵의 원재료를 납품하는 4만 가구 이상의 농부들을 대상으로 감자, 옥수수, 사탕수수, 귀리 등의 작물을 지속가능하면서 생산성 높게 재배하는 방법을 지원하는 프로젝트도 시작했다.

새로운 과학 분야와 결합해
더 건강하고 친환경적인 제품 개발
...

인드라 누이는 펩시의 제품들이 소비자의 맛과 기호를 만족시킬 뿐만 아니라 영양^{Nutrition} 측면에서도 우수한 기여를 해야 한다고 생각했다. 이를 위해서는 기술적인 혁신이 필수적으로 요구되었다. 인드라 누이는 '최고과학책임자$^{CSO, Chief Science Officer}$' 직을 신설하고 의학박사인 마무드 칸$^{Mehmood Khan}$을 영입했으며, 연구개발 투자를 기존 대비 3배 이상 늘리는 등 지원을 아끼지 않았다.

칸 박사는 일본 타케다제약의 글로벌 R&D 센터장을 역임했으며, 그전에는 메이요클리닉의 당뇨병·내분비학 및 영양 임상시험 부서를 이끌었고, 미네소타대학병원에서 학생들에게 내분비학·대사학 등을 가르친 인물이다. 식품공학을 전공하거나 식음료 업체에서 근무한 경력은 없지만 사람이 먹고 마시는 것이 인체에 어떤 영향을 주는지, 신체 건강을 위해서 무엇이 필요한지에 대해서는 최고 전문가라 할 수 있다.

그가 2008년 펩시에 합류할 때 의학계 동료들은 모두 이해할 수 없다는 반응을 보였다고 한다. 하지만 그는 오히려 자신의 멘토이자 스승에게 "미국 당뇨병협회 회장을 하실 때 몇 명이나 당뇨병에 걸리지 않도록 하셨습니까?"라고 반문했다는 일화가 있다.

여기에서 병원이나 제약 업계의 관점에서 식품 업계를 비판하고 제동을 거는 것보다 식품 업계에서 직접 자신의 역량을 발휘하는 것이 소비자들의 건강에 더 밀접하게 관여하고 실질적인 변화를 만들어내는 길이라는 그의 확고한 의지를 엿볼 수 있다.

인드라 누이의 전폭적인 지원 아래 칸은 분자생물학, 생리학, 약리학, 컴퓨터모델링 분야의 인재들을 적극적으로 유치하고 새로운 전문가들의 역량을 제품 개발에 활용해 핵심제품을 더 건강한 제품으로 개선하는 데 힘썼다. 이들은 주로 식품공학 전공자들인 기존 펩시의 연구개발 인력들과 시너지를 발휘해 제품의 맛은 동일하게 유지하면서 소금과 설탕, 지방 수치는 줄이고 몸에 이로운 영양성분은 강화하도록 개선하는 데 주력했다. 예를 들어 여러 과학 분야의 연구를 종합해 냄새와 맛만으로 어떤 성분을 실제로 섭취했을 때와 유사한 신체적 효과를 낼 수 있도록 하는 것 등이다.

또 기존 제품의 경우 맛을 내고자 영양성분이 부실해지기도 하는 점을 보강하기 위해 노력했다. 펩시의 대표 스낵 브랜드 중 하나인 치토스Cheetos는 몸에 좋은 영양성분이 부족하다는 이유로 미국 학교 급식에서 퇴출되었는데, 2년간의 연구를 통해 식이섬유 등 영양성분을 강화하고 지방 함량을 줄인 치토스를 새롭게 출시해 학교에 다시 납

출처: innovationleader, PepsiCo

품하기도 했다.

한편 펩시의 주력 비즈니스인 식음료는 농작물과 물이 주 원재료
다. 많은 양의 농작물을 확보하기 위해서는 경작지를 계속해서 늘릴
수밖에 없는데, 이 과정에서 산림이 파괴되면 심각한 환경문제로 이
어질 수 있다. 또 생산 공정에서도 물을 소비하지만 농작물을 재배하
는 과정에서도 물이 많이 소모되기 때문에 식품 기업으로서 물 문제
역시 매우 중요한 이슈다.

펩시는 농경지와 물 공급이 무한한 자원이 아니라는 점을 심각하
게 인지하고, 가장 우선적으로 재배 시 물 효율성이 높은 작물을 찾아
내는 데 노력을 기울였다. 또 플라스틱 포장재를 개선하는 과정에서

세계 최초로 풀이나 나무, 옥수수 껍질과 같은 식물성 재료를 사용해 생분해 가능한 포장재를 만드는 기술도 확보했다. 제품 생산 과정에서 나오는 오렌지, 감자, 귀리 등의 껍질을 사용해 그린플라스틱을 제조하는 기술도 지속적으로 연구개발하고 있다.

일과 삶의 균형을 추구하는 조직문화로
임직원의 몰입도 강화

...

인드라 누이는 감성과 포용의 리더십으로 행복한 조직문화를 만드는 데 주력했으며 다양성을 존중하고 일과 삶의 균형을 중시하는 문화를 구축하고자 노력했다. 2006년 펩시 CEO로 부임한 뒤 모국인 인도를 방문했을 때 사람들이 자신의 어머니에게 "인드라를 훌륭하게 키웠다."라며 축하 인사를 건네는 것을 본 누이는 회사 임원들의 어머니와 아버지도 칭찬을 받아야 한다고 생각했다. 미국으로 돌아온 인드라 누이는 그 후 펩시 임원 약 400명의 부모와 배우자에게 편지를 직접 써서 보냈다. 편지에는 해당 임원이 회사를 위해 어떤 가치를 만들어내는지 설명하고 재능 있는 사람을 회사에 보내주어 감사하다는 내용을 담았다.

누이는 특히 유색인종 여성 CEO로서 본인의 경험을 바탕으로 일과 삶은 분리된 것이 아니라 임직원 모두가 각자의 다양한 역할 사이에서 균형을 잡고 살아가는 것이 중요하다는 점을 강조했다. 펩시가 가족을 상대로 제품을 판매하는 기업인 만큼 직원들도 가족을 중요하게 여겨야 한다는 경영철학을 적용한 것이다.

인드라 누이 본인도 회사의 CEO이면서 동시에 두 딸을 키우는 어머니이기도 하다. 한 언론 인터뷰에서 "직원들에게 펩시는 살기 위해 일하러 오는 곳이 아니라고 늘 강조한다. (…) 직원들은 자신이 펩시 직원이기 이전에 아내이고 엄마이며 아빠이고 남편이라는 것을 깨달았을 때, 일하는 데도 삶을 살아가는 데도 더 즐거워하고 큰 힘을 얻는 것을 보았다."라고 언급하기도 했다.

인드라 누이는 미국 경제전문지 〈포브스〉에서 2012년 발표한 '세계에서 가장 영향력 있는 어머니 20인' 중 3위에 선정되기도 했다. 당시 1위는 힐러리 클린턴 전 미국 국무장관이었고, 2위는 지우마 호세프 브라질 대통령이었다. 정부 관료와 정치인이 아닌 일반 기업인이 3위로 뽑혔다는 사실은 더 큰 울림을 준다.

누이는 권위적인 모습을 지양하고 직원들에게 편안하게 다가가는 것을 중요하게 생각했다. 조직 구성원들과 함께 성과를 만들어나간다는 관점으로 임직원들이 수평적인 분위기에서 업무에 즐겁게 몰입할 수 있도록 했다. 사내 강연을 진행할 때도 인도 전통 의상을 입고 등장하는 깜짝 쇼를 선보이는 등 분위기를 살리는 데 주도적으로 나서기도 했다.

펩시 회장직을 두고 마지막까지 경합을 벌였던 마이크 화이트 전

부회장을 직접 찾아가 계속 펩시에 머무르며 옆에서 도움을 달라고 요청했다고 한다. 그를 '위협적인 경쟁자'가 아니라 '가르침을 줄 수 있는 동반자'로 생각했기 때문에 가능한 행동이었을 것이다. 회사는 경쟁에서 승리하는 곳이 아니라 동료들과 함께 목적을 달성해가는 곳이라는 누이의 관점에서도 리얼밸류의 단초를 발견할 수 있다.

리얼밸류 경영 포인트

유·무형 보유자산 활용

‣ 자산 강화: 일과 삶의 균형 추구와 수평적 조직문화로 임직원 몰
　입 강화

‣ 자산 결합: 의학, 분자생물학, 컴퓨터과학 등 식품공학 외 과학 분
　야를 적극 수용

‣ 자산 재발견: 비즈니스의 의미를 재해석해 건강과 행복을 위한
　기업으로 리포지셔닝

경제·환경·사회적 가치 창출

‣ 경제적 가치: 코카콜라를 추월하는 등 펩시 그룹의 재무 실적
　개선

‣ 환경적 가치: 생산공정의 친환경성을 높이고 지속가능한 작물 재
　배 추진

‣ 사회적 가치: 여성 CEO로서 일과 가정 양립의 모범적 롤모델을
　제시

나이키 한나 존스
스포츠웨어의 순환경제 롤모델

한나 존스^{Hannah Jones}는 1998년에 나이키 EMEA[•] 지사의 기업책임^{Corporate Responsibility} 담당 이사로 입사해 2004년에 나이키의 지속가능성과 혁신 부문을 담당하게 된다. 그 후 16년간 나이키 최초의 CSO^{Chief Sustainability Officer, 최고지속가능성책임자}로서 회사를 지속가능성 선도기업으로 변혁^{Transform}시켰다.

그녀는 이러한 노력을 세계적으로 인정받아 2007년에는 세계경제포럼^{WEF, World Economic Forum}에서 젊은 글로벌 리더^{Young Global Leader}로 선정되었으며, 2013년에는 글로벌 비즈니스 지속가능성 리더십 부문에서 프라할라드상^{C. K. Prahalad Award}을 수상하기도 했다. 프라할라

• Europe, the Middle-East, Africa, 유럽·중동·아프리카

출처: Bloomberg IP Holdings LLC., CEF 유튜브

드상은 2010년 타계한 세계적 경영구루 C. K. 프라할라드^{C. K. Prahalad} 교수를 추모하는 의미를 담고 있는데, 매년 지속가능경영전략 부문에서 훌륭한 성과를 거둔 인물에게 수여되고 있다.

나이키에서의 경험을 살려 그녀는 현재 영국 윌리엄 왕자가 이끄는 왕실재단^{The Royal Foundation}이 2020년 10월 설립한 어스샷 프라이즈 Earthshot Prize에서 CEO를 맡고 있다. 어스샷 프라이즈는 2030년까지 전 세계적으로 가장 골치 아픈 환경문제를 획기적으로 개선하는 혁신적 솔루션을 찾고자 5대 이슈별 관련 분야 지도자, 혁신가, 활동가들을 식별하고 상을 수여하는 기관이다.

한나 존스는 기술 혁신과 친환경을 적극적으로 결합하고 나이키의 공급망에 지속가능성을 입혀 패션 산업의 지속가능한 비즈니스 혁신을 이루어냈다. 좀 더 자세히 살펴보면 친환경-디자인 혁신-기술 혁신을 유기적으로 결합해 나이키 제품의 지속가능성을 강화하고 이를 회사의 차별화된 경쟁력으로 정립한 것이다.

기존에는 친환경을 표방하려면 디자인이나 성능을 일정 부분 포기해야 하는 트레이드오프^{Trade-off}를 당연하게 생각했다. 어쩔 수 없이 감수해야 한다고 여긴 것이다. 하지만 한나 존스는 친환경과 디자인, 기술 혁신을 결합해 돌파구를 찾는 데 성공했다.

여기서 더 나아가 나이키와 뜻을 함께하는 다른 기업들과 연합^{Coalition}하고 디자인스쿨과 협업해 패션 산업 생태계 전체로 지속가능성을 확장하는 데 앞장섰다.

또 1996년 미국 〈라이프〉 매거진에 파키스탄 어린이가 나이키 축구공을 꿰매는 사진이 보도되는 등 노동착취^{Sweatshop}의 대명사로 인식되며 NGO들의 표적이 된 나이키의 공급망 체계를 대대적으로 혁신했다. 이를 통해 지속가능한 공급망을 구축하고 자사의 구매조달 역량을 진화시켰다.

아울러 버려지는 의류 및 신발 폐기물의 가치를 재발견해 새로운 혁신소재로 탄생시키고 폐쇄형 순환시스템^{Closed Loop}을 구축하기도 했다. 나이키는 폐기물을 활용한 재생 소재로도 고성능을 구현해 진정한 의미의 업사이클링을 완성하고 있다.

디자인과 기술 혁신을
지속가능성에 접목시켜 솔루션 모색

...

패션 비즈니스는 끊임없이 신제품을 출시하고 유행을 만들어 사람들의 소비를 이끌어내야 하는 숙명을 안고 있다. 한나 존스의 리더십 아래 나이키는 2005년 제품 디자인 및 개발 과정에서 친환경 요소를 반영하는 컨시더드 디자인^{Considered Design}을 도입했다. 제조 과정에서 불필요하게 자원이 낭비되는 것을 막고, 폐기물 발생도 최소화하며, 제품이 사용되어 수명을 다한 이후에도 쉽게 해체하고 분리해 재활용할 수 있도록 초기 설계 단계부터 적용하는 것이다.

2012년에는 플라이니트^{Flyknit} 디자인 기법을 개발해 원자재 사용량을 감축했을 뿐 아니라 노동집약적이던 생산 공정을 획기적으로 혁신했다. 기존에는 신발을 만들 때 신발의 각 부위 모양에 맞도록 원단을 재단한 후 여러 장을 이어 붙이거나 꿰매는 방식으로 만들었다. 그런데 이 과정에서 자투리 원단이 많이 발생해 버려질 뿐 아니라, 여러 단계의 공정을 거치게 되기 때문에 사람의 노동력도 많이 투입될 수밖에 없다. 플라이니트 기법은 이렇게 조각조각을 이어 붙이지 않고 한 줄의 실로 니트를 짜듯이 신발 모양에 맞추어 직조하는 무봉제 방식이기 때문에 버려지는 원단 없이 빠르고 효율적으로 생산할 수 있다. 또 복잡한 공정 단계를 단순화해서 무리한 재하청으로 인한 노동착취 문제를 해결하는 데도 도움이 된다.

 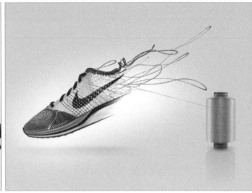

출처: Sneaker News Inc., Nike

이처럼 혁신적인 성과는 어느 한 부서의 노력만으로 이루기 어렵기 때문에 한나 존스는 디자인-기술 혁신-지속가능성 부서를 함께 총괄하며 이들 부서 간의 협업 프로젝트를 책임 지휘했다. 그녀는 과거한 인터뷰에서 "지속가능성의 렌즈를 통해 혁신을 바라본다면 패스트트랙Fast-track 혁신을 이루어낼 핵심능력을 갖출 수 있다."라고 언급하기도 했다. 일례로 플라이니트 신발을 개발한 디자이너에게는 ① 마라톤 우승을 위해 가장 가볍게 만들 것, ② 아름답게 디자인할 것, ③ 폐기물을 고려해 기존 개념을 파괴할 것이라는 3가지 조건을 제시하고 기존의 방식은 전혀 고려하지 말 것을 요구했다고 한다.

다른 기업들의 동참을 이끌어내고
지속가능한 디자인 교육 실시

...

나이키가 지속가능성을 높이기 위해서는 수많은 공급사도 이에 맞추어 따라와주어야 한다. 하지만 나이키와 거래하는 대형 공급사들은 대부분 나이키가 아닌 다른 의류·신발 생산기업들과도 거래관계를 맺고 있다. 그 때문에 나이키의 요구 조건에만 맞추어 기존의 생산 관행을 전폭적으로 바꾸는 것은 사실상 불가능하다. 산업에 속한 다른 기업들도 함께 변화에 동참할 때 비로소 공급사들도 실질적으로 변화시킬 수 있는 것이다.

나이키는 이러한 점을 해결하기 위해 지속가능한 의류 연합인 SAC$^{Sustainable\ Apparel\ Coalition}$를 통해 다른 기업들도 지속가능성 움직임에 쉽게 동참할 수 있도록 했다. SAC는 세계 최대의 의류·신발 연합체로 전 세계 의류·신발의 50% 이상을 생산하는 500개가 넘는 브랜드들이 가입해 있다. 나이키는 자사에서 개발해 활용 중인 나이키 제조지수$^{Manufacturing\ Index}$를 SAC에 무상으로 제공해 다른 대기업들도 스스로 공급망의 환경 및 노동 측면 수준을 평가하고 업계 내 자사의 현재 수준을 확인하면서 개선해나갈 수 있도록 유도했다.

또 2013년에는 의류·신발 제품을 디자인할 때 재료 선택에 따라 환경에 미치는 영향이 어느 정도인지를 계산해 보여주는 앱을 개발하고 이를 공개했다. 더 나아가 영국 세인트마틴 등 패션디자인스쿨과

출처: this.design/work/nikecircularity, nikecirculardesign.com

함께 지속가능한 디자인 가이드북을 만들고 교육 과정에 반영했다. 이 가이드북은 순환성에 대한 개념부터 폐기물 발생, 제품의 해체와 수리보수, 내구성, 순환 패키징, 소재 개선 등 미래의 디자이너를 꿈꾸는 사람들이 지속가능한 디자인을 위해 고민해볼 주제들을 제시하고 디자인 작업에 반영할 수 있도록 지원한다. 한나 존스라는 특정 개인, 나이키라는 특정 기업을 넘어 미래 디자이너들이 패션 산업의 지속가능성을 꾸준히 이어갈 수 있는 밑거름이 될 것이다.

구매조달 정책을 개혁해
지속가능한 공급망 구축

...

한나 존스는 1998년 나이키에 처음 합류할 당시 큰 이슈였던 나이키 하청공장에서의 아동 노동착취 문제를 해결하기 위해 노력했다. 이 과정에서 공급망에서 발생하는 문제의 근본적 원인이 구조적으로 이러한 행동을 촉발시키는 회사의 구매정책에 있다는 사실을 확인했다. 즉 회사의 구매정책을 개선하는 것이 공급망에서 발생하는 문제를 근본적으로 해결하는 열쇠라는 점을 간파한 것이다. 그녀는 우선 나이키와 거래하는 모든 하청공장을 대상으로 근무환경의 등급을 평가하고 공개해 지속가능성이 우수한 하청업체와의 거래를 유도했다.

하지만 여전히 문제는 남아 있었다. 지속가능성 부서에서 이러한 구매정책을 강조한다고 해도 실제 하청업체와 계약을 담당하는 구매부서는 여전히 원가를 얼마나 절감했느냐로 부서의 성과를 평가받고 있었기 때문이다. 이런 환경에서 구매부서는 우수한 근무환경을 갖춘 공급사가 아니라 근무환경에 다소 문제가 있더라도 낮은 원가를 제시하는 곳과 계약할 수밖에 없는 구조가 된다. 한나 존스는 구매 부서의 성과를 평가할 때 해당 부서에서 거래한 하청공장의 근무환경 수준 등급에 따라 성과 인센티브가 조정되도록 연계했다. 구매 부서의 이해관계를 지속가능성에 맞추어 정렬^{Align}한 것이다.

이를 더 발전시켜 모든 거래 공급사를 평가하는 나이키 제조지수

나이키 제조지수 평가 프레임워크

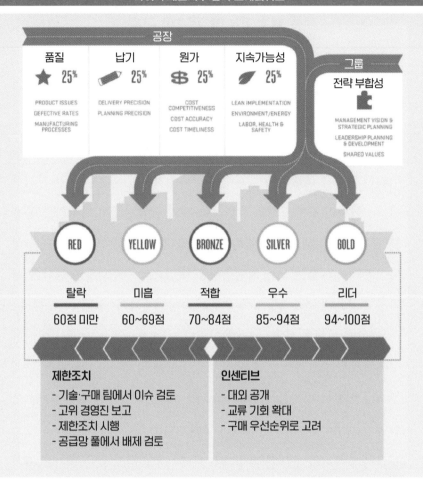

공장

품질 ★ 25%
PRODUCT ISSUES
DEFECTIVE RATES
MANUFACTURING PROCESSES

납기 25%
DELIVERY PRECISION
PLANNING PRECISION

원가 💲 25%
COST COMPETITIVENESS
COST ACCURACY
COST TIMELINESS

지속가능성 25%
LEAN IMPLEMENTATION
ENVIRONMENT/ENERGY
LABOR, HEALTH & SAFETY

그룹

전략 부합성
MANAGEMENT VISION & STRATEGIC PLANNING
LEADERSHIP PLANNING & DEVELOPMENT
SHARED VALUES

RED	YELLOW	BRONZE	SILVER	GOLD
탈락	미흡	적합	우수	리더
60점 미만	60~69점	70~84점	85~94점	94~100점

제한조치
- 기술·구매 팀에서 이슈 검토
- 고위 경영진 보고
- 제한조치 시행
- 공급망 풀에서 배제 검토

인센티브
- 대외 공개
- 교류 기회 확대
- 구매 우선순위로 고려

출처: Stanford Initiative for the Study of SCR

Manufacturing Index에 원가, 품질, 납기 외에 근무조건, 환경 등 지속가능성과 관련된 항목을 포함시켰다. 옆의 그림에 나타난 바와 같이 품질, 납기, 원가, 지속가능성은 거래 공급사 평가 시 각각 25%의 가중치로 반영된다. 종합 평가 결과 브론즈Bronze 등급 이상을 충족한 기업만 거래를 지속할 수 있고 레드Red나 옐로우Yellow 등급과는 거래할 수 없도록 체계를 구축했다. 이러한 정량적인 체계를 구축함으로써 거래 공급사들도 지속가능성을 높이는 데 동참할 수밖에 없게 되어 산업 전체의 지속가능성이 높아지는 효과가 발생했다.

폐기물의 가치를 재발견하고
고성능 재료로 업사이클링

...

한나 존스는 "끊임없는 성장을 추구해야 하는 회사로서 궁극적인 지속가능성 비전은 회사의 성장과 희소 자원의 사용을 분리하는 것"이라고 주장했다. 회사가 성장하는 것과 희소한 자원을 고갈시키는 것을 별개로 생각해야 한다는 것인데, 쉽게 말하면 천연자원을 재료로 사용하지 않으면서 동시에 회사가 성장하는 방법을 찾아야 한다는 뜻이다.

이는 순환경제Circular Economy의 철학과 맞닿아 있다. 순환경제란 자원 절약과 재활용을 통해 지속가능성을 추구하는 경제 모델을 말하는 데, 기존의 선형경제^{Linear Economy} 모델의 대안으로 주목받고 있다. 선형경제 모델에서는 자원을 채취하고^{Take}, 이를 원재료로 제품을 대량 생산하며^{Make}, 소비한 이후에는 폐기하는^{Disposal} 것이 일반적이다. 희소한 자원을 일회성으로 소모할 뿐 아니라 엄청난 양의 폐기물이 계속 발생할 수밖에 없다. 반면 순환경제는 이러한 문제를 해결하기 위해 폐기물을 다시 자원으로 재활용할 수 있도록 순환체계를 구축하는 경제 모델이다.

나이키는 나이키 그라인드^{Nike Grind} 프로그램을 통해 생산 과정에서 발생하는 고무, 폼, 가죽이나 섬유의 자투리 등의 폐기물과 사용 후 버려지는 신발을 잘게 부수어서 프리미엄 재활용·재생 소재로 가공

나이키의 100% 재생 폴리에스테르 유니폼과 신발을 착용한 육상의 전설 칼 루이스(왼쪽)와 나이키 그라인드 콘셉트(오른쪽)

출처: NIKE

하기 시작했다. 이렇게 가공된 소재는 나이키 제품을 제작하는 소재로 활용되거나 다른 산업에 원재료로 공급되기도 한다. 예를 들어 운동 경기장의 트랙이나 실내·외 스포츠 코트, 인조잔디 필드, 놀이터 바닥재, 휴대폰 케이스 등으로 재탄생하는 것이다. 재생 소재는 성능이 떨어지리라 생각하기 쉽지만 나이키는 2010년부터 나이키 베터월드^{Nike Better World} 캠페인을 통해 친환경이면서도 고성능을 갖춘 스포츠 의류와 신발을 생산하고 있다.

리얼밸류 경영 포인트

유·무형 보유자산 활용

▸ 자산 강화: 회사의 구매조달 정책을 개선해 공급망의 지속가능성 제고

▸ 자산 결합: 디자인-기술 혁신-지속가능성 부서 간 협업으로 혁신적인 신제품·공정 개발, 업계 내 다른 기업들과 연합해 생태계 차원의 지속가능성 제고

▸ 자산 재발견: 버려지는 소재를 지속가능한 재료로 새롭게 인식하고 업사이클링

경제·환경·사회적 가치 창출

▸ 경제적 가치: 친환경 신제품 개발로 업계 선도기업 위상 유지

▸ 환경적 가치: 새로운 생산 공정기술 개발과 소재 재활용을 통해 환경 폐기물 최소화

▸ 사회적 가치: 공급망 지속가능성 제고를 통해 생태계 내 하청업체의 근무환경 개선 유도

REAL VALUE
BIG SHOT

마이크로소프트 **사티아 나델라**

거대 공룡에서 혁신 엔진으로 진화

PC 시대의 소프트웨어 절대강자였던 마이크로소프트는 모바일 시대로 접어들면서 예전의 지배력을 차츰 잃어갔다. 모바일 중심으로 IT가 급속히 재편되고 있는 와중에도 여전히 PC와 윈도우^{Window}에 집착하고 있었기 때문이다. PC 시대의 정점이라고 할 수 있는 1999년 말에 55달러까지 올랐던 주가는 하락에 하락을 거듭해 2013년에는 절반 수준인 27달러까지 추락했다.

이러한 절체절명의 시기에 MS의 이사회는 회사 내의 변방이라 할 수 있는 클라우드 사업 담당자였던 사티아 나델라^{Satya Nadella}를 빌 게이츠와 스티브 발머를 잇는 MS의 세 번째 CEO로 임명했다. 당시 대부분의 언론사는 누가 마이크로소프트의 CEO가 되든 회사를 살리기 어려울 것으로 전망했다. 일례로 〈블룸버그〉는 "Why You Don't

사티아 나델라 CEO 지명 직후 함께 모인 전·현직 CEO들(왼쪽부터 빌게이츠, 사티아 나델라, 스티브 발머)

출처: 마이크로소프트

Want to be MicroSoft CEO(왜 마이크로소프트의 CEO가 되고 싶지 않은 가)"(2014년 1월 31일자)라는 사설에서 마이크로소프트가 모바일에서 한참 뒤처져 있기 때문에 누가 새 CEO가 되든 국면을 변화시킬 수 없다고 단언하기도 했다.

이런 상황에서 마이크로소프트의 비주력 부문장인 사티아 나델라가 CEO로 지명되자 모두 전혀 예상치 못한 선택이라며 놀라워하는 분위기였다. 세간의 불안과 비판 속에서 임기를 시작하게 된 사티아 나델라는 PC 시대에 갇혀 있던 마이크로소프트를 모바일 생태계와 연결시키고 부서 간 협업을 강화해 마이크로소프트를 다시금 혁신의 대명사로 재탄생시키는 데 성공한다. 그의 전략을 하나씩 살펴보자.

독점적 고립주의를 버리고
IT 생태계에 적극 참여

···

마이크로소프트는 전임 CEO들의 폐쇄적인 방침 아래 윈도우와 오피스에서 독점적 지위를 누리며 다른 기술 생태계와 교류하지 않았다. 전임 CEO들이 리눅스와 같은 오픈소스*를 공개적으로 배격한 것은 유명하다. 빌 게이츠는 오픈소스를 "공산주의자"라고 힐난했고, 스티브 발머는 "암적 존재"라고 칭하는 등 수위 높은 비난으로 구설수에 오르기도 했다.

사티아 나델라는 새로 부임하자마자 전임 CEO들의 폐쇄 정책에서 개방 정책으로 선회하고, 그동안 적대관계에 있던 오픈소스 개발자들과 협력을 강화했다. 우선 리눅스 진영에 화해의 손길을 먼저 내

• 여러 개발자가 참여해 기능을 개선하며 발전하는 개방적 소프트웨어 또는 그러한 개방적 소프트웨어를 지지하는 움직임

출처: 위키피디아(Richard Morgenstein)

밀어 마이크로소프트의 제품군들이 여러 방면에서 리눅스를 지원할 수 있도록 했다. 2018년에는 프로그래머들의 페이스북이라 불리는 소프트웨어 개발 커뮤니티 깃허브^{Github•}를 75억 달러에 인수해 전 세계 프로그래머들과 협력 기회를 대폭 늘려나갔다. 회사를 IT 생태계와 연결해 마이크로소프트의 솔루션들이 다양한 개발자 환경에서 사용될 수 있는 물꼬를 튼 것이다.

그 덕분에 마이크로소프트는 점차 오픈소스 기여도가 높은 기업

• 소스 코드를 저장하고 개발자들이 협업할 수 있도록 제공하는 웹서비스 업체

으로 탈바꿈할 수 있었고, 마이크로소프트 솔루션 개발에도 외부 오픈소스 코드를 적극 반영해 경쟁력도 높였다. 한마디로 전임 CEO들이 스스로 만든 고립의 섬에서 마이크로소프트를 구한 것이다. 마이크로소프트의 솔루션들이 다양한 환경에서 사용될 수 있는 기반을 만들었을 뿐 아니라 운영체제와 소프트웨어 판매에 매몰되어 모바일 분야에서 실패를 자초했던 경험이 반복되지 않도록 했다.

비주력 클라우드와 기존 솔루션 결합으로
수익구조 다변화

...

비주력인 클라우드에서 성장 기회를 눈여겨본 만큼, 사티아 나델라는 취임과 동시에 클라우드 퍼스트$^{Cloud First}$라는 기치를 내걸었다. 우선 주력 제품인 마이프로소프트 오피스$^{MS Office}$를 클라우드와 결합해 'Office 365' 시리즈로 새롭게 론칭했다. 그리고 오피스가 윈도우 안에서만 구동되도록 한 폐쇄적인 정책을 깨고, 애플 iOS와 안드로이드 OS 모바일 환경에서도 구동될 수 있도록 공개했다.

또한 아마존의 AWS$^{Amazon Web Service}$가 장악하고 있던 기업 클라우드 영역에서 경쟁력을 높이고자 윈도우 전용 클라우드 서비스인 애저^{Azure}를 퍼블릭 클라우드로 전환하는 결정을 내렸다. 이러한 노력 끝에 마이크로소프트는 비즈니스 클라우드 부문에서 아마존에 이은 2위의 위상을 차지하게 되었다. 오피스와 윈도우에 이어 클라우드가 새로운 수익원이 되면서 이전보다 안정적이고 다변화된 사업구조를 갖추게 된 것이다.

이렇게 마이크로소프트가 클라우드의 기치를 걸게 된 것은 아이러니하게도 전임 CEO 스티브 발머가 사티아 나델라를 MS의 자회사인 윈도우라이브서치^{Windows Live Search}로 보내 검색엔진 빙^{Bing}의 개발을 맡긴 데서 비롯됐다고 한다. 당시 마이크로소프트는 검색엔진 분야에서 구글에 크게 뒤처진 상황이었고 사실상 실적을 내지 못하고 있었다. 빙 개발 임무를 맡고 자회사로 부임한 사티아 나델라는 당시 마이크로소프트의 사외이사로 있던 넷플릭스의 리드 헤이스팅스 CEO에게 도움을 청했고, 리드 헤이스팅스는 사티아 나델라가 넷플릭스의 각종 회의를 참관하며 '검색'에 대해 좀 더 새로운 시각에서 접근할 기회를 주었다. 이를 계기로 사티아 나델라는 마이크로소프트의 폐쇄성에 대해 다시 한번 절감했고, 클라우드를 중심으로 개방성 있게 회사를 혁신해나가야 한다는 생각을 더욱 굳히게 되었다고 한다.

부서 간 협업을 통한
혁신문화 강화

• • •

사티아 나델라 이전의 마이크로소프트는 대외적으로도 폐쇄적이었지만 각 사업 부문 간에도 경쟁적이고 배타적인 조직문화를 갖고 있었다. 이는 전임 CEO들이 추구한 강도 높은 성과주의에 기인한다. 특히 부서별로 직원들을 정해진 비율에 따라 1~5등급으로 나누고 최하 등급 직원들은 내보내는 이른바 스택 랭킹Stack-Ranking 제도가 오랫동안 유지되면서 부서 간뿐 아니라 부서 내에서도 직원 간 상호견제가 극심한 지경이었다. 이런 분위기에서 혁신은 고사하고 견제와 발목잡기가 횡행하면서 회사의 근간이 서서히 무너지게 되었다. 아래 그림은 폐쇄적이고 경쟁적인 마이크로소프트의 조직문화를 잘 보여준다.

사티아 나델라가 취임하기 전 마이크로소프트의 조직구조는 주력인 윈도우와 오피스 부문, 서버·클라우드 부문, 하드웨어 부문으로

MS 조직구조에 대한 만평

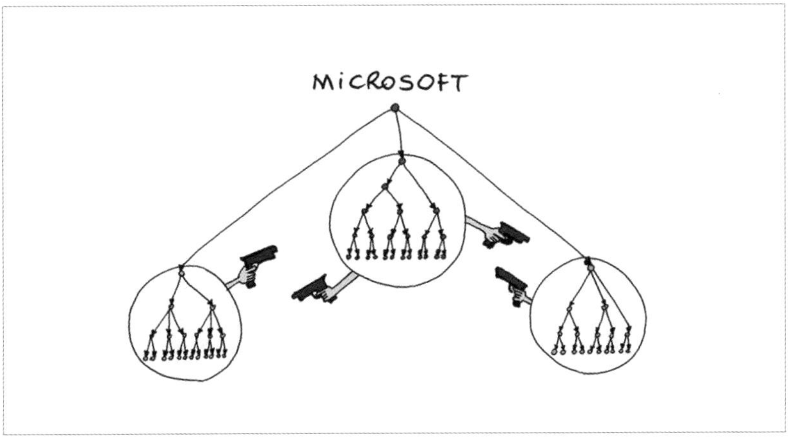

출처: Manu Cornet(2011)

구성되어 있었다. 그는 취임 후 조직구조를 B2B 성격의 엔터프라이즈&클라우드와 B2C 성격의 컨슈머&디바이스의 2개 조직으로 개편했다. 이는 제품 판매를 놓고 내부에서 경쟁하는 체제에서 고객 만족을 목적으로 부서 간 협력을 중시하는 체제로 근본적인 변화를 도모하기 위한 것이었다.

조직구조 외에 개인의 성장 마인드셋Growth Mindset을 강조하고 상호 협력을 일깨우기 위해 다양한 업무 툴Tool의 혁신도 병행했다. 내부 경쟁을 지양하고 상호학습을 강화하기 위해 해커톤Hackathon 같은 내부 협업 행사를 확대하고, 업무 협업 시스템인 팀즈Teams와 커뮤니케이션 시스템 비바Viva 등을 도입해 적용했다. 이 시스템들은 사내 활용을 넘어 이제는 협업을 위한 솔루션으로 발전해 마이크로소프트의 수익 증대에 기여하고 있다.

거대한 공룡이라는 세간의 비난에 직면했던 마이크로소프트는 사티아 나델라 취임 이후 단기간에 혁신기업의 이미지를 되찾았다. 여기서 핵심은 이러한 변화가 대규모 M&A나 신사업이 아니라 기존 마이크로소프트의 강점을 되살리고 외부 IT 생태계와 보조를 통해 이루어졌다는 점이다. 이렇듯 유·무형 자산의 재조합을 통해 혁신을 만들어냈다는 점에서 사티아 나델라는 진정한 리얼밸류 리더라고 할 수 있다.

리얼밸류 경영 포인트

유·무형 보유자산 활용

‣ 자산 강화: 오픈소스 협력을 통해 소프트웨어 개발 능력 강화

‣ 자산 결합: 클라우드를 기존 솔루션과 결합해 새로운 성장 기회
　　 확보

‣ 자산 재발견: 내부 협업의 방식과 툴을 새로운 비즈니스 솔루션
　　 확보 기회로 인식

경제·환경·사회적 가치 창출

‣ 경제적 가치: 주력 제품 외 클라우드 등 신규 수익원 개척

‣ 사회적 가치: 경쟁적 조직문화를 협력적 문화로 전환해 직원 직
　　 무 만족도 향상, 협업 툴의 확산으로 비대면 시대에
　　 일하는 방식의 혁신 유도

쓰리엠 **마이크 로만**

과학 기술로 지속가능 혁신 견인

───────────────────────────────────────

3M은 전 세계 전자, 통신, 제조, 의료, 안전, 소비자 등 각종 산업 분야에 6만여 가지 제품을 공급하는 글로벌 과학·기술 기업으로, 일명 혁신기계Innovation Machine라고 불린다. 1902년 설립된 이후 120여 년 동안 과학기술 혁신을 통해 끊임없이 새로운 제품을 개발해 인류의 삶을 개선하는 데 앞장서왔다. 2022년 매출액 354억 달러를 기록했으며, 매년 약 20억 달러를 연구개발에 투자해 13만 건 이상의 특허를 보유하고 있는 기술 혁신의 대표 기업이다.

2018년 CEO로 취임한 마이크 로만Mike Roman은 1988년 3M에 신임 엔지니어로 입사해 30년 만에 CEO 자리에 오른 정통 3Mer(3M 사람)다. 그는 2005~2008년간 한국 3M 사장을 지내기도 했다. 로만의 리더십 아래 3M은 최근의 경제·사회적 트렌드에 대응해 지속가능한

출처: 3M

가치를 창출하는 데 주력하고 있다.

과학 탐구의 창업정신을 재발견하고
시대에 맞게 재해석

...

3M은 과거에 존재하지 않았던 새로운 제품을 만들어내는 '혁신 그 자체'를 창업정신으로 하는 기업이다. 일상 용품인 '스카치테이프', '포스트-잇'은 물론 집집마다 사용하는 녹색 수세미나 청소용품 등은 일반적인 사물을 일컫는 대명사처럼 여겨지지만 사실은 3M에서 생산하는 제품의 브랜드 이름이다. 워낙 널리 사용되기 때문에 보통명사처럼 느껴지는 것이다.

3M은 'Science, Applied to Life(생활과 만난 과학)'이라는 대표적인 슬로건 아래 사람들이 일상에서 사용하는 다양한 용품을 개발해 개인의 삶을 편리하고 안전하게 해주는 것을 목적으로 삼고 있다. 1979년 3M에 입사해 33년간 근무 후 CEO를 역임했던 잉게 툴린은 "3M이 하는 일은 새로운 것을 생각해내는 게 전부다. 그게 무엇이냐 하는 것은 중요하지 않다."라고 한 언론 인터뷰에서 언급하기도 했다. 지속적으로 신제품을 출시하기 위해 3M은 최근 5년 이내에 개발된 신제품이 회사 매출의 1/3을 차지하도록 하는 정책을 오랫동안 지켜오고 있으며, 업계 평균보다 매우 높은 연 매출의 약 6%를 R&D에 투자하고 있다.

마이크 로만은 지속가능성을 강조하는 최근의 시대정신에 부합해 과학Science 기반의 지속가능성 전략 프레임워크를 구축했다. 회사가 가진 과학 탐구의 정신과 기술 전문성을 기반으로 비즈니스를 지속가능하게 개선하고 인류사회가 직면한 문제에 대한 솔루션을 제시하겠다는 목표다. 특히 모든 신제품은 이해관계자들에게 어떤 긍정적인 임팩트를 줄 수 있는지를 프레임워크에 맞추어 기술하는 '지속가능한 가치 기여 목표SVC, Sustainability Value Commitment'를 구체적으로 명시해야 상용화 단계의 투자 승인Gate Review을 통과할 수 있도록 했다. 이제부터 3M의 3가지 지속가능성 전략에 대해 살펴보자.

우선 순환을 위한 과학Science for Circular 전략은 폐기물 저감과 자원 절약으로 환경영향을 최소화하는 제품과 프로세스를 설계해 순환적

3M의 전략적 지속가능성 프레임워크		
순환을 위한 과학 (Science for Circular)	기후를 위한 과학 (Science for Climate)	커뮤니티를 위한 과학 (Science for Community)
- 적은 재료로 더 많은 것 을 할 수 있는 솔루션 디 자인 - 글로벌 순환경제에 기여	- 산업 현장 탈탄소를 위 한 혁신 - 글로벌 기후변화 솔루 션 강화 및 환경 발자국 개선	- 과학으로 긍정적 세상 구현 - 사람들의 동참을 유도하 고 영감을 고취- 글로벌 순환경제에 기여

출처: Our Global Impact–Sustainability/ESG(3m.com)를 바탕으로 재정리

인 경제를 촉진하는 것을 목표로 한다. 구체적으로 2025년까지 매출 대비 제조 폐기물 발생을 10% 감축하고, 30% 이상의 제조 현장에서 폐기물 매립 제로를 달성하며, 화석연료 기반의 버진플라스틱˙에 대한 의존도를 1억 2,500만 파운드 감축하겠다고 발표했다. 또 전 세계 사업장의 매출 대비 물 사용량을 2025년까지 20%, 2030년까지 25% 줄이고 생산시설이 위치한 모든 물 부족 지역사회를 대상으로 광범위한 물 관리 활동에 나설 계획이다.

다음으로 기후를 위한 과학Science for Climate 전략은 혁신을 통해 산

• 바이오재료를 기반으로 하는 바이오플라스틱, 한 번 사용된 플라스틱을 수거해 재활용한 리사이클플라스틱과 달리 석유화학 공정을 통해 생산되는 플라스틱

업을 탈탄소화하고, 글로벌 기후 솔루션을 가속화하며, 환경 발자국을 개선하는 데 기여하는 것이다. 이를 위해 스코프1^{Scope1*}과 스코프2^{Scope2**}에 해당하는 온실가스 배출량을 2030년까지 50%, 2040년까지 80% 감축하고 2050년까지 탄소중립을 달성하며, 2025년까지 3M 제품을 사용하는 고객사들이 2억 5천만 톤의 CO_2 배출을 감축할 수 있도록 추진하고 있다. 또 2025년까지 순매출 대비 에너지 효율을 30% 개선하고 전 세계 사업장에서 사용하는 전력의 50%를 재생 가능한 에너지원으로 조달하며, 2050년에는 재생 에너지 조달 비중을 100%까지 늘릴 계획이다.

마지막으로 커뮤니티를 위한 과학$^{Science for Community}$은 과학을 통해 더 나은 세상을 만드는 데 사람들의 자발적 참여를 유도한다는 전략이다. 2025년까지 인력 개발 및 STEM(과학·기술·공학·수학) 교육에 5천만 달러를 투자해 인종에 따른 기회 격차를 해소하고자 한다. 또 2030년까지 전 세계 경영진 파이프라인의 다양성 수준을 2배, 미국 내 흑인·아프리카계 및 히스패닉·라티노 직원 비율도 2배 높이고자 한다. 여기에 2025년까지 임직원들이 보유한 지식과 기술을 기반으로 특정 지역사회의 삶을 개선하고 어려운 과제를 해결해보는 3M 임팩트^{Impact} 활동을 위해 30만 시간의 재능기반 봉사시간을 지원한다.

---

* 조직이 소유하고 통제하는 발생원(공장, 사업장)에서 직접적으로 발생한 온실가스
** 조직이 전기, 스팀 등 에너지원을 사용함으로써 간접적으로 배출되는 온실가스

적극적 디지털 트랜스포메이션 추진으로
혁신 역량 업그레이드

...

마이크 로만은 회사의 핵심인 혁신 역량을 업그레이드하기 위해 디지털화에 적극적으로 대응하는 것이 중요하다고 판단했다. 2019년 실적 발표에서 그는 "신제품 개발을 주도하고 회사의 역량을 확장하기 위해 R&D 투자에 집중하고 있으며, R&D 부문을 지원하기 위해 디지털 기술 및 데이터 분석에 대한 집중도를 높이고 있다."라고 언급하기도 했다.

3M은 2006년 자사가 가진 핵심 기반기술을 '기술플랫폼'으로 구축하고, 플랫폼의 여러 기술을 결합, 적용해 끊임없이 새로운 혁신 제품을 개발해왔다. 기존의 기술플랫폼은 재료^{Materials}, 프로세스^{Process}, 애플리케이션^{Application}, 성능^{Capabilities}의 4개 분야 46개 기술로 구성되어 있었는데, 마이크 로만은 여기에 디지털^{Digital} 분야를 추가해 5개 분야 51개 기술로 확장했다. 새로 추가된 기술 분야는 첨단 로보틱스, 컴퓨터 비전, 데이터 과학과 분석 등이다.

로만은 디지털 트랜스포메이션을 강조하면서 특히 연구개발 프로세스에 인공지능, 머신러닝, 클라우드 등을 적극적으로 활용하고 있다. 사물인터넷^{IoT} 기술을 통해 전사 차원에서 데이터를 수집하고 분석해 목표 달성을 위해 최적의 조건을 도출한다. 또 프로세스 자동화, 공급망 디지털화 등 비즈니스 전반의 효율성도 높여나가고 있다. 특

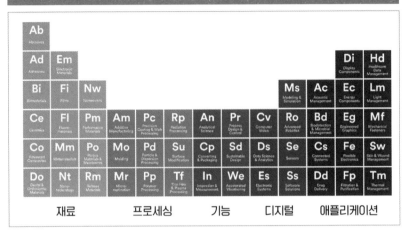

재료　　　프로세싱　　　기능　　　디지털　　　애플리케이션

출처: 3M

히 새롭게 개발한 신제품이 고객사의 온실가스 배출 등에 어떤 임팩트를 주고 넷제로 달성에 어떻게 기여할 수 있는지를 시험하려면 매우 복잡한 데이터 분석이 필요한데 이런 분야에 디지털 기술을 적극적으로 활용하고 있다.

부서 간 협업 장려 및
오픈이노베이션 확대

...

로만은 3M 혁신 파이프라인의 원천이 되는 창의적 아이디어를 장려하기 위해 부서 간 유연한 협업과 리더의 역할을 강조하고 있다. 부서 간 장벽을 낮추고 여러 부서의 임직원이 함께 공동의 프로젝트를 진행하도록 하고 있는데, 이를 통해 다양한 배경을 가진 직원들이 서로의 기술과 생각을 공유하고 이 과정에서 혁신이 촉발되는 환경을 조성하고자 한 것이다. 특히 협업 문화를 구축하는 데 있어 리더십의 중요성을 강조하면서 3M의 리더들에게 좀 더 포용적인 자세를 취하고 의사결정 시 다양한 관점을 모색하도록 독려하고 있다.

2019년 〈타임〉의 '올해의 최고 발명품 100'에 선정된 3M의 배송 포장지 신제품 '스카치 플렉스&씰'은 부서 간 협업을 통해 탄생한 대표 사례라 할 수 있다. 아이디어의 출발은 기존의 물류 박스들이 가진 공간 비효율성에서 비롯되었다. 제품의 크기에 꼭 맞는 크기로 배송할 수 있으면 좋겠다는 아이디어에 착안해 마케팅-생산-연구개발 부서의 직원들이 한 팀을 이루었다. 이들은 100년 이상 사용되던 골판지 상자와 테이프를 대체할 물류 포장용 신소재를 개발하자는 목표를 세웠다. 팀에 참가한 한 직원은 "팀원들은 첫 시작부터 아주 긴밀하게 협력했다. 누구나 아이디어를 제안하면서 가능한 모든 사람의 이야기를 들으려고 노력했다."라고 밝히기도 했다.

물류 박스들은 일정한 크기를 갖추고 있다 보니 배송하는 제품의 크기보다 더 큰 박스를 사용할 수밖에 없어 많은 공간을 차지하게 되고 이는 물류 효율성을 낮추어 에너지 사용량이 늘어나는 문제가 발생한다. 또 박스 내 빈 공간에 충격 방지를 위해 충전재를 채워야 해서 자원을 소비하게 되고, 박스를 밀봉하는 데 일반적으로 사용되는

부서 간 협업을 통해 개발된 3M의 포장용 신소재 스카치 플렉스&씰

1. 크기에 맞춰 자른다

2. 접는다

3. 가장자리를 눌러 밀봉한다

배송 출발!

Scotch
flex&seal
SHIPPING ROLL

출처: 3M

활발히 협업하며 대외 파트너십에 적극적인 조직문화로 바뀌고 있다. 3M의 CTO^{Chief Technology Officer}인 존 바노베츠^{John Banovetz}는 2020년 12월 〈포브스〉와의 인터뷰에서 "과거 3M은 혁신에 있어서 다소 배타적이었고 주로 내부 R&D에 중점을 두었으나, 이제는 외부 파트너들과의 협력에 훨씬 더 개방적으로 바뀌었다."라고 언급하기도 했다. 대표적인 외부 협업 사례로는 맥도날드와 협력해 퇴비로 사용 가능한

지속가능한 커피 컵을 개발하고, 세계자연기금^{World Wildlife Fund}과 협력해 지속가능한 임업 관행을 개발하며, 엘렌 맥아더 재단과 협력해 순환경제를 구축하는 데 앞장서는 것 등을 들 수 있다.

3M의 이러한 외부 협업은 혼자만의 노력이 아니라 다른 경제 주체들과 함께할 때 지속가능한 변화를 더 효과적으로 이룰 수 있다는 깨달음에서 출발한다. 3M의 CSO^{Chief Sustainability Officer}인 게일 슐러^{Gayle Schueller}는 2022년 뉴욕 기후주간^{Climate Week NYC}에서 "다른 기업, 공공부문, NGO 등과의 파트너십을 통해 함께 변화를 만들어내고자 글로벌 플라스틱 조약을 위한 비즈니스 연합^{Business Coalition for a Global Plastics Treaty}의 창립 회원이 되었다."라고 발표한 바 있다.

3M은 2022년 6월 글로벌 과학기술 트렌드를 공유하는 플랫폼인 '3M 퓨처스'를 개설하기도 했다. '3M 퓨처스'는 글로벌 과학 트렌드에 관한 설문조사, 3M 전문가들의 연구 데이터, 3M이 보유한 과학기술 등을 콘텐츠로 제공하는 별도의 웹사이트다. 사이트를 통해 외부 이해관계자와 글로벌 우수 인재들에게 미래 기술 및 혁신 분야를 이끌어가는 3M의 역할을 알리고 다양한 지식을 공유하고 있다.

리얼밸류 경영 포인트

유·무형 보유자산 활용

‣ 자산 강화: 기술 플랫폼 업그레이드와 디지털 트랜스포메이션으로 혁신 역량 극대화

‣ 자산 결합: 부서 간 협업 및 외부 파트너들과의 콜라보레이션을 확대

‣ 자산 재발견: 과학기술을 통한 지속가능성 제고 전략 수립

경제·환경·사회적 가치 창출

‣ 경제적 가치: 지속적 신제품 출시로 우수한 재무 실적 달성

‣ 환경적 가치: 폐기물 절감 및 기후변화 대응을 위한 혁신 기술 및 제품 제공

‣ 사회적 가치: 임직원 다양성 제고를 통해 소수자[Minority]에 대한 기회 확대와 사회적 격차 해소

REAL VALUE
BIG SHOT

TSMC˚ 모리스 창
반도체 파운드리 비즈니스 모델 개척

AI, 블록체인, 가상화폐 등 IT 기술의 발전은 더욱 빠르고 강력한 반도체를 필요로 한다. 세계 각국은 지금 반도체 주도권을 확보하기 위해 격전을 치르고 있다. 그 한가운데에 모리스 창$^{Morris Chang,張忠謀}$이 있다. 1931년 중국에서 태어난 모리스 창은 어린 시절 국공내전을 피해 미국으로 이민을 갔고 그곳에서 성장했다. 그는 매사추세츠공대^{MIT}를 졸업한 이후 포드^{Ford}를 거쳐 당시 세계 최고 반도체 기업이었던 텍사스 인스투르먼트$^{Texas Instruments}$에서 반도체 설계와 제조 전반을 두루 경험했다. 53세에는 직접회로^{IC} 부문 사장을 끝으로 텍사스 인스투

• Taiwan Semiconductor Manufacturing Company

출처: TSMC

르먼트를 떠나 모토로라^{Motorola}에서 CPU 사업을 담당하기도 했다. 모리스 창은 생애 전반에 걸쳐 미국의 반도체 산업 발전과 함께 성장해왔다.

모리스 창이 모토로라에서 새로운 도전을 하고 있을 때, 그의 고국인 대만은 국가 차원에서 반도체 산업을 일으키려 하고 있었다. 그 책임자로 모리스 창을 염두에 두고 있던 대만 정부는 그를 대만산업기술원^{ITRI, Industrial Technology Research Institute} 원장으로 영입하고 대만 반도체 육성정책을 일임했다. 모리스 창이 미국을 떠나 대만으로 가면서 TSMC로 대표되는 대만의 반도체 산업이 본격적으로 태동하게 된다.

전문가로서의 개인 역량과
대만 OEM 경쟁력을 결합

...

모리스 창은 미국에서 오랫동안 반도체 산업을 지켜봐왔기 때문에 조만간 반도체 설계만을 전문으로 하는 팹리스^{Fabless}*가 출현할 것이라고 예상했다. 텍사스 인스투르먼트에 재직할 때 반도체 설계를 담당하는 엔지니어들이 자신의 기술로 창업을 꿈꾸고 있다는 사실을 잘 알고 있었기 때문이다.

하지만 한 가지 문제가 있었다. 당시 미국 반도체 산업은 종합 반도체 기업들로 구도가 짜여 있었기 때문에 독립을 원하는 엔지니어들이 아무리 좋은 반도체를 설계하더라도 이를 실제로 생산하기가 쉽지 않았던 것이다. 종합 반도체 기업들이 이들이 설계한 제품을 호락호락하게 생산해주지 않았음은 물론이거니와 설사 생산을 해준다 해도 설계자의 요구를 제대로 반영하지 않거나 심지어 기술을 도용하는 일도 흔했다.

모리스 창은 반도체 생산만을 전담하는 기업이 있으면 설계를 전문으로 하는 엔지니어들이 과감히 독립할 수 있고, 독립하는 엔지니어들이 늘어나는 만큼 생산을 전담하는 기업의 수익도 높아질 것으로

---

* 반도체 제조는 하지 않고 설계만 수행하는 기업

출처: TSMC

전망했다. 바로 반도체 위탁생산을 전문으로 하는 파운드리^{Foundry} 비즈니스의 개념이 탄생한 것이다. 그리고 대만이 파운드리의 역할을 누구보다 잘 수행할 수 있다는 확신으로 대만 반도체 산업의 방향을 제시했다.

사실 대만은 2차대전 이후 일본의 전자부품 제조공장들을 활용해 전자공업을 키워왔다. 그래서 대만은 전자부품 제조뿐 아니라 OEM 생산에도 강점이 있었다. 그 때문에 모리스 창이 파운드리 아이디어를 제시했을 때 대만 정책 당국은 일종의 OEM 생산이라 할 수 있는 파운드리 아이디어를 쉽게 공감하고 받아들일 수 있었다.

특히 공공기술인 대만산업기술원의 원천기술을 모리스 창이 회사 설립 시 자유롭게 활용할 수 있도록 법적·제도적인 지원을 기울였다.

이렇게 해서 만들어진 기업이 바로 TSMC이다. 설립 당시 정부 지분이 48%나 되었음에도 불구하고 대만 정부는 TSMC의 경영에 일절 개입하지 않는 등 모리스 창을 전적으로 신뢰하고 밀어주었다.

또한 TSMC를 대만의 핵심 산업단지인 신주과학단지에 입주시키고 전력이나 교통 같은 인프라뿐 아니라 법인세 면제, 보조금 지급과 같은 파격적 혜택들도 함께 제공해 빠르게 경쟁력을 확보할 수 있도록 했다. 모리스 창 본인의 경험과 혜안, 그리고 대만의 산업 경쟁력과 대만 정부의 정책적 의지가 결합해 반도체 파운드리라는 새로운 비즈니스 모델이 탄생하게 된 것이다.

고객과 절대
경쟁하지 않는다

...

1980년대에 접어들면서 모리스 창의 예상대로 반도체 설계만을 전문으로 하는 팹리스들이 속속 등장하기 시작한다. 퀄컴 Qualcomm(1985), 브로드컴Broadcom(1991), 엔비디아NVIDIA(1993) 등 비슷한 시점에 설립된 팹리스들은 자연스럽게 모리스 창의 고객이 되었다.

이들 팹리스는 기술이 전 재산이었기 때문에 반도체 위탁생산 과정에서 설계기술이 유출되는 것을 극도로 경계할 수밖에 없다. 모리스 창은 누구보다 그 사실을 잘 알고 있었기 때문에 고객의 기밀 유지를 무엇보다 우선했다. 그는 사업장 내에서 사용되는 PC의 인터넷 포트를 모두 차단하고 모든 직원의 이동 동선까지 체크하는 등 철저한 내부 단속을 일상화했다. 보안 관련 사안은 아무리 사소한 것일지라도 본인이 직접 보고를 받고 조치를 취했다.

이러한 철저한 운영에 감복하게 된 팹리스들은 TSMC와 모리스 창을 더욱 신뢰하게 되었다. 그 결과 TSMC는 현재 500개 이상의 고객사와 1만 가지 이상의 제품을 생산하는 세계 최대 파운드리 기업으로 성장할 수 있었다. TSMC는 만약 고객사의 설계 실수로 양산 수율이 저해되는 일이 생기더라도 그 손실을 모두 떠안는 등 어떤 경우에도 고객의 신뢰를 저버리지 않도록 최선을 다했다.

모리스 창은 파운드리 비즈니스를 일으키고 그에 힘입어 새롭게 태어난 팹리스 기업들과 강한 신뢰관계를 구축해 TSMC를 글로벌 반도체 선도기업의 자리에 올려놓았다. 그리고 길었던 반도체 여정을 마무리하고 그의 나이 74세가 된 2005년에 은퇴를 선언한다.

저부가 생산 기반 재조명으로
신수요 대응 및 수익 창출

...

승승장구하던 TSMC에도 몇 차례 위기가 찾아왔다. 특히 2008년 글로벌 금융위기 당시 반도체 수요가 급감하면서 TSMC도 감산과 투자축소를 단행할 만큼 큰 어려움에 처하기도 했다. 결국 모리스 창은 회사를 다시 회생시키고자 은퇴를 번복하고 2009년에 다시 TSMC의 CEO로 복귀하게 된다.

그는 복귀하자마자 업계의 구조조정 상황을 철저히 이용하는 공격적 전략을 폈다. 다른 반도체 기업들이 생산량과 투자규모를 줄일 때 오히려 자본투자를 두 배로 늘려 반도체 공장을 늘려나갔다. 불황기에 선제적 투자로 언젠가 돌아올 호황기에 대비한 것이다. CEO로 복귀한 2009년 한 해에만 TSMC는 매출액의 절반에 가까운 48억 달러를 설비투자에 쏟아부었다. 그리고 이후 연간 100억 달러까지 투자 규모를 끌어올려 공격적으로 설비를 확충해나갔다.

또한 수익구조를 정비하기 위해 주력 제품 외에 전력 반도체, 아날로그 반도체 등 생산 제품을 다변화하고 완구용 반도체를 만드는 저부가 공정을 차량용 반도체 제조기지로 전환하는 등 시장변화에 기민하게 대응했다. 이때 단행했던 설비투자는 최근 인공지능[AI], 모빌리티 붐을 등에 업고 반도체 수요가 폭증하는 상황에서 TSMC가 경쟁자들을 모두 제치고 파운드리 분야의 주도권을 유지할 수 있는 밑거름이 되었다. 현재 폭스바겐, 토요타 등 글로벌 자동차 기업들은 TSMC와 협력해 자체 차량용 반도체를 생산하고 있으며, 소니와 덴소 등 전장 및 부품 기업들도 TSMC가 일본에 건설 중인 생산 라인에 지분을 투자해 차량용 반도체를 확보해나가고 있다.

모리스 창이 이끌어온 TSMC의 설립과 발전 과정은 개인의 경험과 국가의 역량을 결합하고 고객과의 신뢰를 강화해 이룩한 성과라 할 수 있다. 또한 구조조정기에 적극적 투자와 함께 저부가 생산 라인을 재조명해 제품 대응의 유연성을 높임으로써 미래를 준비한 리얼밸류 창출 스토리다.

리얼밸류 경영 포인트

유·무형 보유자산 활용

▸ 자산 강화: 팹리스 기업들과의 신뢰관계 지속 강화

▸ 자산 결합: 개인의 통찰과 대만 산업구조를 결합해 파운드리 비
　　　　　즈니스 개척

▸ 자산 재발견: 침체기 저부가 공정·제품의 재발견을 통해 신규 사
　　　　　　업 기회 포착

경제·환경·사회적 가치 창출

▸ 경제적 가치: 파운드리 비즈니스 개념을 창출해 반도체 분야에서
　　　　　　고수익 확보

▸ 사회적 가치: 대만의 산업구조를 저부가 전자공업 위주에서 하이
　　　　　　테크 산업 중심으로 업그레이드

REAL VALUE
BIG SHOT

4장

희망과 부활의 손길,
구원자형 빅샷

구원자(救援者, Savior)

어려움이나 위험에 빠진 사람을 구하여 주는 사람

SONY®

소니 **히라이 가즈오**
몰락한 전자 왕국의 재탄생

1946년 설립된 소니^{SONY}는 워크맨, 브라운관 TV 등 획기적인 제품으로 전 세계 소비자들의 마음을 사로잡았고 한때 일본 하면 가장 먼저 떠오르는 최고의 전기전자 기업이었다. 하지만 아날로그에서 디지털로 기술 변화가 급격하게 일어나자 소니의 기존 주력 제품은 차츰 경쟁력을 잃어갔다. 소니는 이에 대응하기 위해 브라비아 LCD TV, 바이오^{VAIO} 컴퓨터와 노트북, 디지털카메라, MP3 등 다양한 제품을 선보였으나 삼성, LG 등 한국의 후발주자들이 맹추격하면서 결국 예전의 영광을 되찾지 못하고 어려운 시절에 직면하게 된다.

히라이 가즈오가 CEO로 취임한 2012년 4월, 소니 그룹은 4년 연속 적자를 기록 중이었다. 2011년 회계연도(2011.4~2012.3)에는 순손실만 4,567억 엔에 달했다. 그룹의 핵심사업인 모바일, 디스플레이,

출처: THE JAPAN TIMES LTD

이미징 센서 등에서 매년 대규모 적자가 발생하고 있었다. 비주력 사업이던 영화, 음악, 금융 사업에서 수익이 나기는 했으나, 주력 사업의 적자를 메꾸기에는 역부족이었다. 당시 글로벌 신용평가사 피치[Fitch]가 소니의 신용등급을 투자부적격인 BB-로 강등시킬 정도로 소니의 상황은 좋지 못했다.

히라이는 이러한 상황에서 '최연소 비非전자 출신' CEO가 되었다. 세간에서는 "전자 사업을 모르는 히라이가 사장직을 감당할 리 만무하다."라며 우려와 비난이 쏟아졌다. 하지만 히라이는 이러한 시선을 극복하고 소니의 핵심을 재정의하고 기술 경쟁력을 높여 침몰하는 소니를 구원하는 리더십을 발휘했다.

엔지니어들의 사기 진작과
도전 정신 제고로 '기술의 소니' 강화
...

2012년 초 기존에 소니의 주력이었던 전자 부문은 계속 적자에 시달리며 '엉망이 된 소니'를 보여주는 무기력한 상징으로 전락했다. 특히 2008년 발생한 글로벌 금융위기 이후 당장의 비용 절감을 위해 연구개발 인력을 대거 감축하고 신규 투자를 등한시했다. 그 결과 엔지니어들의 의욕이 상당히 저하된 상태였으며 제품 경쟁력도 약해져 '기술의 소니'라는 자부심도 퇴색되고 있었다.

히라이는 소니의 재건을 위해서는 무엇보다도 제품과 서비스를 만드는 엔지니어들의 혼^魂에 불을 붙여야 한다고 생각했다. 이즈음 그는 토요타자동차의 도요타 아키오 사장이 직접 레이서 자격증을 취득해 '모리조'라는 이름으로 실제 레이스에 출전한다는 점을 알게 되었고, 이에 큰 감명을 받았다. 아키오 사장이 아니라 모리조로서 헬멧을 쓰고 레이싱복 차림으로 핸들을 잡은 모습이 그 자체로서 토요타의 모든 임직원에게 사장의 자동차에 대한 열정과 몰입, 일체감을 극명하게 전달한다고 생각했기 때문이다.

히라이는 '내가 소니 최고의 팬'이라는 마음을 어떻게 하면 잘 전달할 수 있을까 고민한 끝에 현장에 가서 직접 자신의 말로 엔지니어들에게 전달하는 방법을 택했다. 특히 CEO 재임 기간 동안 소니의 일본 내 최대 R&D 센터인 아쓰기 테크놀로지 센터를 최대한 자주 방문했고 엔지니어들과 격의없이 친밀하게 소통했다.

사장 취임 직후인 2012년 6월에는 제품화되기 전의 다양한 R&D 기술을 개발 담당 엔지니어가 직접 소개하는 'R&D 오픈 하우스' 행사에 방문했는데, 전시된 기술 중 '4K 초단超短 초점 프로젝터Ultra Short Throw Projector'라는 제품이 그의 눈길을 끌었다. 보통 프로젝터로 큰 영상을 보여주려면 초점 거리를 확보하기 위해 화면이 나타나는 벽에서 일정 거리 떨어진 위치의 천장에 설치하는 게 일반적이다. 하지만 이 제품은 초점 거리가 매우 짧아 화면과 거의 수직 위치에서 영상을 투영할 수 있었다.

히라이는 이 기술을 사업화하기로 결정했다. 문제는 기존의 조직 구조에서 이를 맡아서 추진할 부서가 마땅치 않다는 것이었다. 결국 CEO가 직접 나서서 지켜주어야 이러한 새로운 도전이 살아남을 수 있겠다고 생각해 2013년 3월에 CEO 직할로 'TSThe Sony 사업준비실'을 발족했다.

이 부서에는 기존의 상품 카테고리에 포함되지 않는 모험적인 상품을 탄생시키는 미션을 부여했다. 히라이는 매월 TS 사업준비실 멤버들과 회의를 진행했는데, 이때는 철저히 엔지니어들의 아이디어와 창의성을 존중하며 상품 준비 진행 상황을 들었다. CEO가 한 마디라도 하면 그것이 지시사항이 되어버린다는 사실을 알고 있었기 때문에 본인의 발언과 의견 전달은 최소화하고자 노력했다.

TS 사업준비실에서 준비한 결과물은 2014년 1월 미국 라스베이

출처: Sony Group Corporation

거스에서 열린 CES에서 기조연설을 발표하면서 '라이프스페이스UX'라는 콘셉트와 제품으로 공개되었다. 이 콘셉트는 전자제품이 단순한 하드웨어 기기가 아니라 생활공간에 자연스럽게 녹아들어 고객에게 풍부한 경험을 제공한다는 점에 포인트를 두고 있다. 4K 초단초점 프로젝터도 이 콘셉트에 따라 디자인을 다듬어 전원을 끄면 마치 하나의 가구나 오브제Objet처럼 보이도록 했다.

히라이는 또 사내에 잠자는 신규 사업의 씨앗을 발굴해 사업화하는 SAPSeed Acceleration Program 프로젝트를 2014년에 론칭했다. 아이디어와 야심을 가진 직원들이 새로운 상품과 서비스를 시도해보고 싶어도 마땅한 추진 체계가 없어 주저하게 되고 열정을 잃게 되는 상황을 막으려는 노력의 일환이었다.

SAP 프로젝트 역시 TS 사업준비실과 마찬가지로 CEO 직할로 가동했다. 본사 1층 안쪽에 'SAP 크리에이티브 라운지'를 조성해 히라이 본인이 자주 방문하는 모습을 보임으로써 SAP 프로그램에 참여하는 직원들은 물론 회사 전체에 CEO가 이 프로그램을 적극적으로 지지하고 있다는 메시지를 전달하고자 했다.

그뿐만 아니라 신사업 프로젝트가 종종 어려움에 처하게 되는 시제품 제작 문제를 지원하기 위해 라운지 내에 3D 프린터와 레이저 커터 등을 설치해 쉽게 시제품을 제작해볼 수 있도록 했다. 추가적인 지원이 필요한 경우에는 히라이가 직접 생산 담당 임원에게 부탁해 해결하기도 했다. 2021년 3월 말 기준 총 17건이 SAP 프로젝트에서 시작되어 사업화에 성공해 고객에게 상품과 서비스로 제공되고 있다. 대표적으로 프로그래밍 학습을 위한 사물인터넷^{IoT} 블록 '메시^{MESH}', 스마트워치 '웨나^{Wena}' 등이 있다.

핵심가치를 현대적으로 재정의하고
창업 DNA 계승

...

히라이가 CEO를 맡은 2012년 시점에 소니는 더 이상 일본에서 전자제품을 제조하는 기업이 아니라 전 세계에서 다양한 비즈니스를 전개하는 회사로 변해 있었다. 회사 전반에 뿌리내린 전자 사업 위주의 사고방식과 일본의 문화적 특성에 기반한 가치관은 분명 의미가 있다. 하지만 글로벌 차원에서 다양한 사업을 아우를 수 있는 지금의 시대에 어울리는 공통의 가치가 없는 상황이었다. 소니의 부활을 위해서는 전자뿐 아니라 모든 소니 계열사가 하나가 되어야 하는데, 직원들에게 단지 하나가 되자고 외치는 것을 넘어 하나가 되어 무엇이 되고자 하는지, 어떤 목표를 향해 하나가 되어야 하는지를 보여줄 필요가 있었다.

히라이는 소니의 전신인 도쿄통신공업을 창업한 이부카 마사루와 모리타 아키오가 남긴 설립 취지서를 다시 검토해 초창기 회사 설립의 목적과 정신을 탐구했다. 그 결과 "성실한 기술자의 기능을 최고도로 발휘하게 하는 자유 활달하고 유쾌한 이상적 공장의 건설"이 소니 창업정신의 핵심이었음을 확인했다. 이 문구를 현대적으로 재해석하고 워크맨, 트리니트론 컬러 TV 등 그동안 소니의 역사를 상징적으로 보여주는 수많은 명품의 공통점을 도출한 결과 '소니=사용자에게 감동을 주는 회사'라는 정체성을 발견할 수 있었다.

히라이는 이를 'KANDO'로 표현하고 전 세계 소니 임직원들에게 전파하기 시작했다. KANDO는 '감동感動'을 일본어로 읽을 때의 발음인데, 감동이라는 뜻을 가진 영어 단어로 번역하지 않고 일본어 발음 그대로인 칸도KANDO로 표기했다. 전 세계에서 근무하는 해외 직원들이 신선하게 느끼면서도 진정한 의미를 생각해보고 깊이 이해할 수

KANDO를 강조하는 히라이 가즈오

출처: Toyo Keizai Inc.

있도록 한 것이다. 그는 6년의 CEO 재임 기간(2012~2018)에 전 세계 거점을 돌며 70회가 넘는 타운홀 미팅을 개최해 직원들에게 "소니가 목표로 하는 것은 KANDO다. 고객에게 감동을 줄 수 있는 제품과 서비스를 모두 함께 만들어내자."라는 메시지를 반복적으로 전달했다.

히라이가 TV 사업 부문을 재건할 때 '양보다 질'을 표방하고 프리미엄 차별화에 집중한 것도 KANDO를 추구한 것과 일맥상통한다. 2012년 당시 TV 사업 부문은 8년 연속 영업적자를 기록 중이어서 언론 등 외부에서는 매각 가능성을 높게 보고 있었다. 그러나 히라이는 재건하는 쪽으로 방향을 정했다.

다만 이를 위해서는 '양에서 질로의 전환'이라는 근본적 변화가 필요하다고 판단하고 2009년 중기경영계획에서 발표했던 2012년 세계 시장점유율 20%(4천만 대)라는 경영 목표를 전면 철회하고 판매 목표를 2천만 대로 하향 조정했다. 양적 목표를 우선시하지 않겠다는 점을 확실히 밝힌 것이다. 대신 품질에서 확실한 차별화를 두기로 결정하고, 누가 봐도 차이를 알 수 있는 영상과 소리로 승부하기 위해 사용자 경험^{UX}과 직결되는 칩셋이나 음향에 아낌없이 자금을 투입했다. 결국 고해상도 음원에 대응할 수 있도록 4K를 지원하는 고화질 프로세서 X1을 탑재한 제품을 선보일 수 있었고, 2014년에는 11년 만에 TV 사업 흑자 전환에 성공한다.

2015년 2월에는 제2차 중기경영계획을 발표하며 양에서 질로의 전환을 전사 레벨에서 추진할 것을 천명한다. 회사의 지향점이 더 이상 규모의 확대가 아니라 품질 추구임을 명확히 보여주기 위해 매출액 대신 자기자본이익률^{ROE}을 경영지표로 내세웠다. 규모를 목표로 삼게 되면 삼성이나 중국 업체 등과 가격 경쟁을 할 수밖에 없고 이 과정에서 고품질 차별화로 고객에게 감동을 주겠다는 원래의 목적이 퇴색될 것을 우려했기 때문이다. 사실 '양보다 질' 방침은 도쿄통신공업 설립 취지서의 경영방침 제1항에 "쓸데없이 규모의 크기를 쫓지 않는다."라는 말이 있을 만큼 창업 초기부터 기본이 되는 철학이었다. 히라이는 이러한 DNA를 계승한 것으로 볼 수 있다.

다른 업계의 지식과 이견異見을 적극 흡수해
자사의 경쟁력으로 연결

...

히라이는 소니뮤직의 전신인 CBS레코드에서 경력을 시작해서 게임 사업 부문인 SCEA^Sony Computer Entertainment America^에서 플레이스테이션 사업을 성공적으로 궤도에 올려놓는 성과를 거둔 바 있었다. 이렇게 성공할 수 있었던 데는 음악 업계에서의 경험을 토대로 게임 사업에 '크리에이터 제일주의'를 도입했기 때문이었다.

음악 업계의 핵심은 훌륭한 곡을 세상에 알리고 퍼지게 하는 것인데, 결국에는 예술가에 의한 창조가 모든 것의 시작이기 때문에 '아티스트 퍼스트^Artist First^'가 당연시된다. 히라이는 게임 사업도 음악과 마찬가지로 비즈니스의 출발은 성능 좋은 기기(하드웨어)보다 뛰어난 게임(소프트웨어)이라고 생각해 크리에이터를 우선시하는 정책을 강조했다.

이는 당시 소니의 주력 부문이었던 전자 비즈니스의 관점에서는 매우 이질적인 발상이었다. TV나 오디오 같은 제품의 판매량은 품질이 결정하고 그 핵심적인 노하우는 소니 내부의 연구소나 개발 현장에 축적되어 있기 마련이다. 그렇기 때문에 기존에 소니에서는 하드웨어를 중시하고 회사 내부의 부서에 모든 관심과 지원이 집중되었다. 하지만 히라이는 훌륭한 소프트웨어가 없으면 아무리 최신의 테크놀로지를 집어넣은 게임기라도 그저 상자에 불과하다는 점을 간파한 것이다.

그는 플레이스테이션을 성공시키기 위해 지속적으로 '크리에이터 퍼스트' 방침을 알리고 게임을 만드는 크리에이터들이 활동하기 쉬운 환경과 메커니즘을 만드는 데 주력했다. 이를 위해 게임 개발자나 크리에이터들이 모이는 이벤트 등에 최대한 참여하고 크리에이터 퍼스트의 메시지를 반복해서 발신했다. 이들이 '플레이스테이션용으로 게임을 만들고 싶다.' '플레이스테이션이라면 우리의 세계관을 좀 더 잘 표현할 수 있을 것 같다.'라는 마음을 먹게 하는 것이 성공으로 향하는 첫걸음이라고 생각했기 때문이다.

특히 크리에이터들의 입장을 존중해 독점 계약을 최대한 지양하고자 했다. 크리에이터와 독점 계약을 하는 경우 회사는 수익을 극대화할 수 있지만 크리에이터들은 자신의 게임이 특정 기기 사용자들로 국한되는 상황을 반기지 않을 것이기 때문에 우수한 크리에이터들이 꺼릴 수 있다는 점을 우려한 것이다.

소니 그룹의 CEO로 취임한 이후에는 이견^{異見}을 제시할 수 있는 인물을 영입하는 데 주력했다. 히라이는 리더의 중요한 역할을 다른 식의 견해나 사고방식을 접하고 그것을 경영 전략으로 승화시켜 실행에 옮기는 것이라고 여겼다. 이에 따라 CEO 취임 후 소니의 턴어라운드를 추진하기 위해 서로 다른 배경과 강점을 가진 프로들이 모여 절대적으로 신뢰할 수 있는 팀을 구성하는 데 집중했다.

대표적으로 소니 커뮤니케이션 네트워크^{So-net}(줄여서 소네트) 사장

CEO 재직 시절 '팀 히라이' 멤버들

출처: 히라이 가즈오, 『소니 턴어라운드』(2022)

이던 요시다 켄이치로를 소니 그룹의 경영진으로 영입하기 위해 주
식공개매수를 단행한 일화가 있다. 요시다는 소니아메리카 주재원
을 거쳐 증권업무팀, 재무팀 등 소니 그룹의 중심 부서들을 경험하다,
2000년 자발적으로 그룹 내에서 '방계'로 인식되던 자회사 소네트로
파견을 나간 인물이다. 그 후 2005년 소네트 사장으로 취임하고 그해
소네트를 도쿄증권 마더스(이후 도쿄증권 1부로 변경)에 상장시켜 경영
중이었다.

히라이는 요시다를 영입하기 위해 여러 번 설득하려고 했지만 요
시다는 상장기업을 경영하는 경영자로서의 책임감 때문에 소네트를
떠나기 어려워했다. 그러자 히라이는 2012년 4월 소네트를 완전 자회

사로 흡수하기로 결정하고 시장에서 주식을 매집하는 TOB^{Take Over Bid}를 실시했다. 결국 2013년 12월 소니에서 소네트를 완전 흡수했고 요시다는 소니그룹 경영진으로서 CSO^{Chief Strategy Officer, 최고전략책임자}로 합류했고, 곧 CFO^{Chief Financial Officer, 최고재무책임자}로 취임했다.

요시다와 함께 합류한 소네트 출신에는 재무와 전략에 탁월한 인재들이 많았다. 소니은행 창업 멤버 중 하나인 도토키 히로키도 그중 한 명이었다. 그는 SVP^{Senior Vice President}로서 사업전략과 코퍼레이트 디벨롭먼트, 그리고 트랜스포메이션을 담당해 소니 재건의 참모 역할을 충실히 수행했고 이후에는 모바일 사업의 재건도 담당했다.

이처럼 업계의 경계를 넘어 다양한 생각과 아이디어를 가진 인재들을 규합한 것이 히라이 가즈오가 리얼밸류 빅샷이 될 수 있는 이유 중 하나이며, 이로부터 소니의 부활이 가능했다고 보아도 무방할 것이다.

리얼밸류 경영 포인트

유·무형 보유자산 활용

‣ 자산 강화: 엔지니어들의 도전정신을 고취해 기술 경쟁력 강화

‣ 자산 결합: 이종 업계의 지식과 노하우를 자사 비즈니스에 적용

‣ 자산 재발견: 창업정신의 의미를 되새겨 시대상황에 맞도록 핵심
　　　　　　가치 재정의

경제·환경·사회적 가치 창출

‣ 경제적 가치: 소니 그룹 재무 실적 턴어라운드 성공

‣ 사회적 가치: 창업 문화 조성 및 소프트웨어 크리에이터 생태계
　　　　　　구축

REAL VALUE
BIG SHOT

BURBERRY

버버리 안젤라 아렌츠
모던 럭셔리로 이미지 대변신

2000년대 초반, 영국의 명품 브랜드 버버리^{Burberry}는 오랜 역사와 인지도에도 불구하고 시장 트렌드를 따라가지 못해 성장이 정체되고 차브^{Chav}족[•]의 타깃이 되어버렸다. 과한 장식과 가짜 명품으로 고급 패션을 조롱하는 이들이 버버리 체크무늬 모자, 그것도 대부분 모조품을 애용하면서 버버리 브랜드의 이미지는 크게 추락했고 시장에서 외면받는 지경에 이르렀다.

안젤라 아렌츠^{Angela Ahrendts}가 버버리 CEO로 취임한 2006년 당시, 명품 시장은 전 세계적으로 매장을 확대하면서 빠른 성장세를 기록하

• 사회에 반항적이고 싸구려 악취향의 패션을 즐기는 영국 노동계층 젊은이들의 문화

고 있었다. 하지만 대다수 유럽 럭셔리 브랜드가 시장에서 고속 성장을 기록하고 있었음에도 버버리의 매출 성장률은 2%에 그쳐 실적이 부진한 상황이었다. 아렌츠는 취임 이듬해인 2007년 3분기에 매출을 전년 동기 대비 22% 성장시켰으며, 2009년에는 버버리를 영국 FTSE 지수 100대 기업에 올려놓았다. 실로 최단기간에 거둔 마법과도 같은 실적이었다.

취임 6년째인 2012년 매출은 취임 당시의 2배인 20억 파운드, 영업이익은 5배인 2억 5,400만 파운드의 브랜드로 성장시켰다. 이러한 성공에 힘입어 2012년 '세계에서 가장 영향력 있는 여성 100인'에 선정되기도 했다. 아렌츠는 브랜드 정체성을 강화하고 버버리의 상징인 트렌치코트 제품의 가치를 재발견했으며, 과감한 디지털 트랜스포메이션을 추진해 몰락해가던 영국의 자존심 버버리를 글로벌 대표 럭셔리 브랜드로 재탄생시켰다.

디자인을 중앙집중화해
프리미엄 럭셔리로서의 정체성 회복

...

아렌츠는 버버리의 근본적인 문제가 그동안 외형적 성장에 집중하면서 럭셔리가 아닌 흔한 브랜드로 전락한 데 있다고 판단했다. 전 세계 버버리의 해외 지점들을 진단한 결과 양적 성장을 위해 상표권을 남발해왔었다는 사실을 발견할 수 있었다. 라이선스 계약을 체결한 곳이 전 세계 23곳에 달했고, 이들은 버버리 브랜드를 활용해 서로 다른 제품들을 제각각 선보이고 있었다. 매출 비중이 높은 일부 국가에서는 해당 국가에서 잘 팔리는 제품을 자체 생산해 판매했고, 남성복·여성복 등 카테고리별로 각기 다른 디자인 책임자가 총괄하고 있었다.

버버리 브랜드의 통일된 정체성이 정립되지 못하고 국가마다, 고객군마다 브랜드 이미지가 서로 달랐던 것이다. 이처럼 상표권이 남발되다 보니 브랜드 관리뿐 아니라 유통과 품질 관리에서도 문제가 발생하고 있었다. 아렌츠는 이로 인해 '프리미엄'으로 '주목'받는 이미지를 상실했다고 평가했다.

아렌츠는 이 문제를 해결하기 위해 모든 제품이 일관성을 유지하고 프리미엄의 이미지를 보여줄 수 있도록 중앙집중형 관리체계를 도입했다. 우선 전 세계에 팔려나간 상표권을 재매입하고 브랜드와 관련된 모든 것을 본사에서 일괄 관리하는 체제를 구축했으며, 주력 이외의 상품을 생산하는 공장들을 정리했다. 또 크리스토퍼 베일리Christopher Bailey를 CCOChief Creative Officer로 임명하고 디자인팀을 통합해 CCO의 관리하에 두었다. 이로써 한 명의 디자이너 아래에서 모든 제품이 일관성을 유지할 수 있게 만들었다.

아렌츠는 대중 시장을 주 타깃으로 삼은 미국 브랜드*에서 25년 이상의 경력을 쌓아온 인물이다. 그 때문에 CEO 부임 초기에는 미국 중

버버리 CEO 안젤라 아렌츠(왼쪽)와 CCO인 크리스토퍼 베일리(오른쪽)

산층 태생으로 영국 상류층 문화를 접해보지 못한 그녀가 영국을 대표하는 럭셔리 브랜드의 정체성을 이해하기 어려울 것이라는 우려의 목소리가 많았다. 아렌츠는 영국 태생으로 영국에서 공부한 젊은 디자이너인 베일리를 CCO로 발탁해 영국 브랜드로서의 정체성을 유지하면서도 현대적인 변화를 이끌어내도록 했다.

베일리는 도나 카란에서 여성복 디자이너로 근무할 당시 아렌츠와 함께 일한 경험이 있었다. 아렌츠는 베일리에 대해 "패션의 상업성

• 도나 카란(Donna Karan), 리즈 클레이븐(Liz Claiborne) 등

해리포터 시리즈의 엠마 왓슨을 기용한 2010년 버버리 광고 캠페인

출처: BURBERRY Spring/Summer 2010 FULL AD CAMPAIGN

을 이해하는 디자이너"라며 예술적 감각을 가지면서도 비즈니스 세계를 잘 이해하는 점을 높이 평가했다고 한다. 또 2009년에는 패션쇼 무대를 이탈리아 밀라노에서 런던으로 옮겨 버버리가 런던 패션위크의 얼굴을 담당하도록 했다. 정통 영국 럭셔리라는 정체성을 강조하려는 것이었다. 당시 파리, 밀라노, 뉴욕에 비해 런던 패션위크는 상대적으로 스포트라이트를 덜 받았기 때문에 버버리로서는 모험적인 결단이었다.

베일리는 버버리의 디자인과 비주얼 분야를 담당하며 전통을 유지하면서도 젊고 세련된 이미지를 부여하는 데 주력했다. 예를 들어 젊은 세대에게 인기가 높은 영국 출신의 유명인을 시즌 대표 모델로 고용하면서 이미지 변신을 도모했다. 특히 영상 등의 시각물은 베일리의 지휘 아래 자체 제작해 모든 시각물이 일관성을 갖출 수 있도록 했다. 전문 제작사나 광고대행사에 외주를 주는 럭셔리 업계의 통상적인 관행을 깬 것이다.

또 그는 영국의 젊은 뮤지션을 발굴해 그들의 음악을 버버리 소셜 미디어와 매장을 통해 소개하는 '버버리 어쿠스틱' 채널을 직접 운영하기도 했다. 버버리의 DNA인 '영국스러움', '음악' 등의 요소를 브랜드에 완벽하게 융화시킨 것이다. 베일리는 이러한 능력을 인정받아 2014~2018년 동안 아렌츠의 후임 CEO를 역임하기도 했다.

버버리를 대표하는 핵심제품에 집중해
실적 턴어라운드 견인

...

영국 시골에서 작은 원단 가게를 운영하던 토마스 버버리Thomas Burberry가 1891년 런던에 첫 매장을 내고 직접 개발한 개버딘Gabardine 소재로 레인코트를 제작한 것이 버버리 브랜드의 시작이다. 개버딘 소재는 당시 양치기들의 작업복인 스목프록Smock Frock에서 영감을 받아 개발했는데, 면 직물에 특수 방수 코팅을 해서 시원하고 통풍이 잘 되면서도 비바람을 막아주는 기능이 뛰어났다. 토마스 버버리는 이미 1888년에 개버딘 소재를 트레이드마크로 등록해 버버리 고유의 소재로 각인시켰다.

이후 영국 국왕 에드워드 7세가 이 레인코트를 즐겨 입으면서 인기를 얻기 시작했고, 개버딘 소재로 만든 레인코트는 버버리의 대표 제품이자 100년 이상의 역사를 가진 영국의 상징적인 패션 아이템이 되었다. 1901년에는 군인들을 위한 레인코트를 디자인하면서 전장의 군인들에게 필요한 활동성과 실용성을 갖추도록 진화되었으며, 군인들이 참호(트렌치)에서 입는 옷이라는 의미에서 '트렌치코트'라는 이름으로 알려지게 되었다.

전쟁 이후 일상에 복귀한 군인들이 평상복으로 이 코트를 즐겨 입으면서 군인이 아닌 일반 시민들에게도 큰 인기를 끌게 되었고, 자연스럽게 영국 문화의 한 부분으로 자리 잡았다. 1919년 조지 5세로부터 코트, 재킷 부문에서 왕실 인증을 받은 후 1955년에는 엘리자베스 2세 여왕으로부터 방수 기능 소재에 대한 인증을 받았다. 영국 왕실의 인증 마크를 부착한 명실상부한 영국 국가대표 브랜드로 자리매김한 것이다.

이처럼 의미 깊은 역사를 지닌 제품임에도 불구하고 아렌츠 취임 당시 트렌치코트의 매출 비중은 매우 저조했다. 다른 명품업체들은 다양한 영역으로 사업이 확장된 이후에도 여행가방(루이뷔통), 가죽제품(구찌) 등 브랜드의 핵심제품에서 상당한 매출을 올리고 있는 것과 대조적으로 버버리의 트렌치코트 매출은 20%를 밑도는 수준에 불과했다. 특히 그녀는 2006년 CEO 취임 후 첫 임원회의에 참석한 60여

명의 버버리 임원 중 트렌치코트를 입고 나타난 사람이 단 한 명도 없다는 점에 충격을 받았다고 한다. 습하고 으슬으슬해 트렌치코트를 입기 딱 좋은 날씨였고 직원 할인 혜택을 받아 더 쉽게 구매할 수 있었음에도, 회사 임원들조차 입지 않는 옷이 된 것이다. 그녀는 버버리가 그동안 브랜드의 핵심제품을 등한시한 결과로 이러한 상황에 이르렀다고 판단하고 트렌치코트의 가치를 재발견하는 데 주력했다.

아렌츠는 "트렌치코트는 버버리의 아이콘이자 모든 의사결정의 핵심"이라며 트렌치코트로 돌아가야 한다는 결론을 도출했다. 그 이후 패션성을 강조하면서 현대적 감각으로 재해석된 트렌치코트를 컬렉션마다 새롭게 출시했다. 특히 소재, 색상, 라인 등 모든 디자인 요소에 적극적인 변화를 주면서 다양한 트렌치코트 제품을 선보였는데, 글로벌 패션전문잡지 〈엘르^{Elle}〉는 이를 두고 "상상할 수 있는 트렌치코트의 모든 변주"라고 평가하기도 했다.

전 세계 직영 매장에 근무하는 판매사원들을 대상으로 트렌치코트를 제대로 판매하기 위한 교육도 실시했다. 판매사원들이 트렌치코트 상품이 버버리라는 브랜드에 어떤 의미가 있는지를 잘 이해할 수 있도록 장인이 수작업으로 한땀 한땀 트렌치코트를 만드는 영상을 제작해 직관적으로 제품의 가치를 인식하게 했다. 트렌치코트는 숙련된 기술을 요하는 100개가 넘는 공정을 3주 동안 거쳐야 비로소 한 벌이 완성되는 귀한 '작품'이라는 사실을 교육한 것이다. 또 모든 매장에 아이패드를 지급해 매장을 찾은 고객들에게 아직 전시되지 않은 다양한

제품을 추가적으로 보여주고 쇼핑 정보를 안내하도록 했다. 장인정신을 보여주는 제작 공정 동영상도 아이패드로 고객에게 보여줄 수 있었다.

• 윗줄 왼쪽부터 2006AW, 2007AW, 2008SS, 2010AW, 아랫줄 왼쪽부터 2011AW, 2012SS, 2013AW, 2014SS

또한 트렌치코트를 하나의 문화 트렌드로 정착시키려는 노력의 일환으로 2009년 11월에는 웹사이트 '아트 오브 더 트렌치$^{Art\,of\,The}$ ^{Trench}'를 개설하기도 했다. 이 사이트는 트렌치코트를 입은 연예인과 예술가, 패셔니스타들을 찍어서 올리는 글로벌 소셜미디어 사이트다. 트렌치코트를 역사와 전통이 있는 사회적 아이콘으로 기념하고 사람들이 자신만의 트렌치코트 이야기를 공유하는 온라인 커뮤니티 공간을 창출한 것이다. 웹사이트를 통해 1910년대 트렌치코트 이미지 등 트렌치코트의 역사와 변천에 대한 자료를 공유하고, 유명인들의 일상 속 트렌치코트 착장 사진과 스타일링법 등을 제공했다. 또 웹사이트를 소셜미디어 기능과도 연동시켜서 젊은 세대들에게 '트렌치코트'를 주제로 하는 문화적 구심점이 되고자 했다.

적극적인 디지털 트랜스포메이션 추진으로
기업 체질 혁신

•••

아렌츠는 버버리를 과거의 전통에 머무르는 럭셔리가 아닌 프리미엄을 선도하는 브랜드로 재탄생시키기 위해 생산, 조직, 프로세스, 마케팅, 커뮤니케이션 등 회사의 주요 업무에 디지털 기술을 접목해 고객경험을 확장하는 '풀리 디지털 버버리$^{Fully\,Digital\,BURBERRY}$' 전략을 발표했다. 전체 마케팅 비용 중 60%를 디지털미디어에 투자할 정도로 모바일, 소셜미디어 등 IT와 뉴미디어에 대한 투자를 확대했다. 디지털 기술과 문화에 익숙한 밀레니얼 세대의 버버리 브랜드 인지도를 높이고 이들의 참여를 유도하고자 한 것이다. 이를 위해 존 더글라스John Douglas를 CTOChief Technology Officer로 임명하며 이전까지 후방 지원 조직이었던 IT 부서를 비즈니스, 사업전략, 마케팅 부서와 함께 전방의 실행 조직으로 전환했다.

또한 젊은 직원들을 중심으로 하는 '전략혁신위원회Strategic Innovation Council'를 개설해 디지털 혁신뿐 아니라 밀레니얼 세대의 쇼핑 성향에 맞춘 전략을 제시하도록 했다. 이들이 제시하는 아이디어는 중역 임원회의를 거쳐 시행되었다. 다만 임원회의에서는 아이디어를 평가하고 선정하는 게 아니라 제안된 아이디어에 대한 지원 방안을 고민하도록 했다. 다행히 당시 버버리의 영국 본사 직원 중 70%가 밀레니얼 세대였기 때문에 이러한 디지털 트랜스포메이션 전략이 회사 내부에서 자연스럽게 받아들여질 수 있었다.

또 명품 업계 최초로 온라인 쇼핑 채널을 론칭하고 패션쇼를 실시간으로 생중계하는 등 오프라인에서 이루어지던 비즈니스 활동들을 온라인으로 전환하는 데 큰 노력을 들였다. 웹사이트를 통해 제품을 편리하게 쇼핑할 수 있는 서비스를 제공했으며, 온라인에서 고객이 직접 원하는 스타일의 트렌치코트를 맞춤형으로 주문하는 비스포크Bespoke 서비스를 제공했다. 비스포크 서비스는 실루엣, 섬유, 컬러, 디자인 등을 조합한 120만 개의 트렌치코트 디자인을 지원한다.

버버리 월드 라이브 무대

출처: British Vogue(2012.4)

2010년에는 '런웨이 투 리얼리티^{Runway to Reality}' 프로젝트를 통해 패션쇼를 온라인, 소셜미디어, 플래그십에서 실시간으로 중계하고 출품된 신상품을 바로 온라인으로 구매할 수 있도록 웹사이트를 전면 개편했다. 당시 언론에서는 통상 바이어, 패션 잡지 에디터 등 업계의 소수 핵심 관계자만의 행사였던 럭셔리 브랜드의 패션쇼가 '민주화*를 맞았다고 해석하며 패션 역사에 큰 획을 그었다고 평가했다.

2012년 진행한 '버버리 월드 라이브^{Burberry World Live}' 행사에서는 실제 모델들과 홀로그램을 통해 보이는 모델들이 함께 런웨이에서 캣워크를 펼치는 무대를 연출했다. 또한 온·오프라인에서 일관된 브랜드 경험을 제공하기 위해 런던 리젠트 스트리트에 버버리의 디지털 전략을 구현한 플래그십 스토어를 열고 온라인의 편리한 경험을 오프라인 매장에서 똑같이 느끼도록 체험 서비스를 제공했다. 모든 의상에 RFID 태그를 삽입해 옷을 들고 매장 내 거울 근처로 가면 해당 의상을 자세히 설명해주고, 함께 매칭하면 좋은 아이템들, 런웨이에서 모델이 해당 의상을 입은 모습 등 다양한 정보를 보여주도록 했다.

아렌츠는 이러한 디지털 전략을 구현하기 위해 전 세계에 흩어진 IT 조직과 인프라를 통합하고 판매 채널, 물류 및 공급망 관리체계를 개선해 물류부터 매장 판매 데이터까지 실시간으로 관리할 수 있는 시스템을 구축했다. 일반적으로 패션 업계에서는 패션쇼에 선보인 제품을 고객이 구매하기까지 6개월 정도의 기간이 소요되지만 버버리는 실시간 관리체계를 구축함으로써 고객 주문 후 7주 만에 상품을 배송할 수 있도록 생산라인을 혁신할 수 있었다.

• 디지털 혁신을 통해 언제 어디서나 누구나 접근할 수 있는 민주적인 럭셔리(Democratic Luxury)로 변모했다는 의미

리얼밸류 경영 포인트

유·무형 보유자산 활용

‣ 자산 강화: 디자인 중앙집중화로 영국을 대표하는 브랜드 아이덴
	티티 강화

‣ 자산 결합: 디지털 트랜스포메이션을 통해 럭셔리로서의 리더십
	확보

‣ 자산 재발견: 핵심제품인 트렌치코트 가치의 재발견으로 브랜드
	부활 견인

경제·환경·사회적 가치 창출

‣ 경제적 가치: 성장 정체를 극복하고 재무 실적 및 기업 가치 제고

‣ 사회적 가치: 적극적 디지털 트랜스포메이션으로 패션 업계의
	'민주화' 선도

REAL VALUE
BIG SHOT

애플 **팀 쿡**
예술적 영감에 과학적 경영 접목

혁신의 대명사 스티브 잡스의 뒤를 이어 취임한 팀 쿡^{Tim Cook}을 향해 세상은 비운의 CEO가 될 것이라고 예상했다. 스티브 잡스의 천재성이 사라지면 애플은 몰락의 길을 걷게 될 것이라고 봤기 때문이다. 하지만 팀 쿡이 CEO로 취임하고 10여 년이 지난 시점에서 애플의 시가총액은 스티브 잡스의 재임 때(2011년 2분기 3,100억 달러)보다 무려 7배 가까이 늘어났다(2022년 말 2.2조 달러). 또한 애플의 혁신성도 스티브 잡스 시대보다 높아지면 높아졌지 결코 하락하지 않았다. 이는 팀 쿡이 스티브 잡스가 구축해온 애플 고유의 강점 위에 고객의 니즈를 반영하고 내부 운영의 효율성을 끌어올리는 '경영'을 입혔기에 가능했다.

경영관리 역량을 결합해
스티브 잡스 이후 제2의 전성기 구가

...

팀 쿡이 1998년에 애플에 합류한 이후 악성재고를 떨어낸 일화는 너무나 유명하다. 그가 합류하기 이전 애플의 평균 재고일수는 무려 70일에 가까웠는데, 팀 쿡은 부임하자마자 재고일수를 단 이틀로 줄였기 때문이다.

당시 막 CEO로 복귀한 스티브 잡스가 새로운 제품개발에 몰두해 있는 동안 경영관리 측면에서 애플은 그다지 효율적인 회사가 아니었다. 컴팩과 IBM 재직 시 물류와 운영 분야에서 오랫동안 역량을 쌓아온 팀 쿡은 애플에 부임하자마자 물류 병목이 심각하다는 점을 인지했다. 특히 휴가철 전후로 판매량이 늘면 병목이 더 심해지곤 했는데 그는 휴가철 1개월 전 항공화물 운송계약을 입도선매해 답답했던 물류 흐름에 우선 숨통을 틔웠다. 그다음 애플에 저스트 인 타임$^{Just-in-Time}$ 물류 방식을 도입해 재고를 최소화해 비용을 줄여나갔다.

2011년 애플의 CEO가 된 이후에도 팀 쿡은 매일 새벽 3시 45분에 일어나 글로벌 판매량과 재고량을 직접 체크하면서 하루를 시작한다고 알려져 있다. 스티브 잡스가 제품의 철학과 디자인에 몰두해 새로운 혁신을 창조해나가는 동안 그는 물류부터 시작해 애플의 운영 방식을 재설계해온 것이다. 스티브 잡스의 영감이 팀 쿡의 경영관리와 만나게 되면서 애플은 비로소 세계 최고의 혁신기업이 될 수 있었다.

스티브 잡스의 유산을 바탕으로
제품 라인업 강화

...

스티브 잡스가 워낙 강력한 리더십으로 애플의 정체성을 만들어 왔던 만큼, 회사 내부에서는 고객의 니즈보다는 '애플스러움'을 중시하는 분위기가 깔려 있었다. 예를 들어 스마트폰은 한 손으로 조작할 수 있어야 한다는 스티브 잡스의 철학이 내부 불문율이 되어 대화면 스마트폰은 생각조차 할 수 없는 옵션이었다.

하지만 팀 쿡은 취임 직후 내부 우려를 무릅쓰고 고객 니즈를 적극 반영해 대화면 아이폰을 출시했다. 왜냐하면 시장에는 패블릿^{Phone+Tablet}(대화면 스마트폰)에 대한 수요가 충분히 있었고 경쟁사들의 움직임을 마냥 무시할 수는 없었기 때문이다. 조직 내에 깊이 남아 있던 스티브 잡스의 입김을 무릅쓰고 팀 쿡이 과감하게 결단을 내려 만든 제품이 바로 아이폰6이며, 이는 역대 아이폰 시리즈 중 가장 높은 판매고를 기록한 제품으로 남아 있다.

또한 팀 쿡은 애플워치^{Apple Watch}, 에어팟^{Air-pod} 등 웨어러블 제품들을 만들어 사용자 경험을 극대화하고자 했다. 이는 IT 시장이 스마트폰 중심에서 모바일 디바이스 전체로 확대되고 있다는 판단 아래 이루어진 결정이었다. 특히 무선 이어폰 시장에서 보스^{Boss}, 소니^{Sony} 등 유력 경쟁사들보다 후발주자였음에도 불구하고 인체공학적 디자인과 저전력 기술을 활용해 순식간에 글로벌 1위를 차지했다.

출처: AP, Apple Inc.

웨어러블 기기 외에 팀 쿡은 애플의 미래 성장은 하드웨어와 소프트웨어가 만나는 지점에 있을 것으로 예견하고 서비스 및 콘텐츠 사업을 보다 확장했다. 2011년 아이클라우드^{iCloud}를 시작으로 2014년 애플페이$^{Apple\ Pay}$, 2015년 애플뮤직$^{Apple\ Music}$, 2019년 애플TV $^{Apple\ TV}$ 등을 차례로 선보였다. 그리고 이들 서비스 및 콘텐츠 사업은 현재 아이폰에 이어 애플의 전체 매출 중에서 가장 많은 부분을 담당하는 사업으로 성장했다.

팀 쿡은 스티브 잡스가 남긴 디자인 철학과 애플 제품의 독특성을 기반으로 하되 고객 니즈를 적극적으로 반영해 제품 라인업을 확장하고 서비스 및 콘텐츠 산업 진출을 통해 애플이 더 높이 날 수 있는 활주로를 구축한 제2의 창업자라고 해도 무방하다.

구형 제품의 가치 재발견으로
시장 커버리지 확장

...

팀 쿡 취임 후 스마트폰 시장은 점차 세분화되며 초고가 시장과 초저가 시장이 공존하게 되었다. 이에 팀 쿡은 초고가용 제품을 별도로 출시하는 한편 전작 모델을 중저가 라인으로 활용하는 전략을 구사해 수익성을 높였다. 예를 들어 2019년 아이폰11을 출시하면서 고가 라인인 아이폰11 플러스와 아이폰11 프로맥스를 별도로 출시하고 전작인 아이폰XR을 그대로 유지해 자연스럽게 중저가 제품라인으로 포지셔닝되도록 했다.

이와 별도로 구형 디자인을 활용한 SE Special Edition 시리즈를 출시해 별도의 저가 라인으로 배치함으로써 모든 세분시장에 대응하는 전략을 펼쳤다. 2016년 첫 출시된 SE 시리즈는 구형 아이폰5의 디자인을 그대로 재현하되, 프로세스와 메모리 등을 개선한 제품이다. 이 제품을 통해 저렴한 가격에 애플 제품을 이용하고자 하는 고객을 공략한 것이다. 또한 SE 시리즈를 통해 스티브 잡스의 오리지널 디자인에 향수를 갖는 충성 고객에게 어필하는 효과도 있었다.

이처럼 팀 쿡은 스티브 잡스가 만들어놓은 애플의 잠재력에 경영

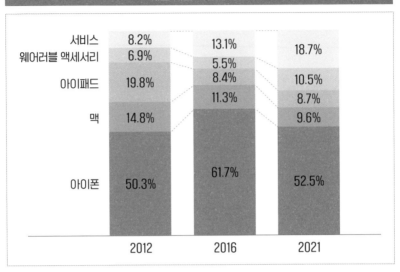

	2012	2016	2021
서비스	8.2%	13.1%	18.7%
웨어러블 액세서리	6.9%	5.5%	
아이패드	19.8%	8.4%	10.5%
		11.3%	8.7%
맥	14.8%		9.6%
아이폰	50.3%	61.7%	52.5%

출처: ⓒ Apple annual report를 바탕으로 재작성

과 관리의 영역을 접목해 애플을 초거대 기업으로 탈바꿈시켰다. 그는 스티브 잡스의 제품 디자인과 콘셉트를 웨어러블과 소프트웨어까지 확장했고, 물류와 경영관리를 토대로 애플의 수익성을 창출했다. 또한 스마트폰 시장의 경쟁상황에 유연하게 대응해 초고가 제품과 기존제품을 혼합하는 전략을 토대로 주력 사업인 스마트폰의 경쟁력을 지속적으로 유지하는 데 성공했다.

리얼밸류 관점에서 보면 팀 쿡은 대규모 M&A나 투자보다는 기존 자산을 활용하고 재조합하는 운영의 묘수를 통해 기업 가치를 극대화했다고 할 수 있다. 팀 쿡은 스티브 잡스 사후 애플의 미래에 대한 걱정을 불식시키는 것을 넘어 역사상 세계 최고 시가총액 기록을 스스로 경신해가며 자산기반 경영관리의 중요성을 보여준 진정한 리얼밸류 빅샷이라 하겠다.

리얼밸류 경영 포인트

유·무형 보유자산 활용

▶ 자산 강화: 애플의 운영관리 체계를 지속적으로 개선해 수익성 강화

▶ 자산 결합: 스티브 잡스 제품철학에 고객 니즈를 결합해 새로운 수익원 창출

▶ 자산 재발견: 시장변화를 기민하게 캐치하며 구형 제품을 저가 제품 라인업으로 재활용

경제·환경·사회적 가치 창출

▶ 경제적 가치: 애플의 경제적 성과를 대폭 향상시켜 세계 최고 시가총액 달성

▶ 사회적 가치: 스마트폰에 더해 웨어러블 비즈니스 개척으로 모바일 시대 발전에 기여

REAL VALUE
BIG SHOT

디즈니 **밥 아이거**
올드 애니메이션에서 종합 미디어로 부활

───────────────────

디즈니^{Disney}는 1923년 월트 디즈니^{Walt Disney}와 로이 디즈니^{Roy Disney} 형제가 설립한 '월트 디즈니 애니메이션 스튜디오'에서 출발했다. 현재는 애니메이션 제작, TV 프로그램, 스포츠 중계, 영화 배급, OTT^{Over The Top} 스트리밍 서비스 등 다양한 사업을 영위하고 있다.

'디즈니'를 떠올릴 때 많은 사람이 생각하는 애니메이션 제작사는 디즈니의 자회사 중 하나인 '월트 디즈니 애니메이션 스튜디오'이고, 모기업인 '월트 디즈니 컴퍼니'는 다양한 분야에서 전 세계 대중문화에 막대한 영향력을 끼치는 종합 엔터테인먼트 기업이다. 디즈니의 매출은 크게 디즈니랜드 운영과 애니메이션 굿즈를 판매하는 '테마파크&굿즈', OTT 서비스를 운영하는 '스트리밍', 픽사·마블·루카스필름 등을 보유한 '스튜디오엔터테인먼트', 내셔널지오그래픽과 미국

3대 방송사 중 한 곳인 ABC를 보유한 '미디어네트워크'로 구성된다.

IT 기술이 급속도로 발달한 시대를 맞아 대부분의 전통 기업들이 테크 기업의 공세에 흔들리는 경우가 많다. 하지만 디즈니는 전통 미디어 기업들의 침몰 속에서 독보적인 반전을 이루어내며 여전히 건재한 미디어 그룹으로 위상을 지켜내고 있다. 많은 콘텐츠 기업이 자신들의 목표를 설명할 때 디즈니를 언급할 정도로 이제 명실상부한 글로벌 최고의 콘텐츠 기업으로 인정받고 있다.

100년 기업 디즈니의
미디어 제국 설계

...

밥 아이거$^{Bob Iger}$는 월트 디즈니 컴퍼니 회장으로 100년 역사의 디즈니를 획기적으로 변신시켜 '디즈니'라는 브랜드의 황금기를 구축했다. 아이거는 1974년 미국 ABC 방송에서 경력을 시작해 1996년 디즈니에 합류했으며, 2005년 마이클 아이즈너의 뒤를 이어 디즈니의 여섯 번째 CEO가 되었다.

당시 디즈니는 생사의 갈림길에 서 있었다. 우선 10년 넘게 개봉 첫 주 기준 박스오피스 1위 애니메이션을 단 한 편도 내놓지 못하고 있었다. 이사회와 조직 내부에는 갈등이 첨예했고 주가도 지속적으로 하락했다. 인터넷 확산과 모바일 기기 발전으로 인터넷 기반의 콘텐츠

출처: 포춘 매거진, 디즈니

유통이 시작되고 있었으나 이러한 시대적 흐름에 저항하기 바빴다.

밥 아이거는 디즈니의 콘텐츠 창출 역량을 강화하고 첨단 기술을 적극적으로 도입해 미국의 상징적 브랜드를 극적으로 부활시키는 데 성공한다. 그는 CEO로 재직한 2005~2020년 동안 디즈니를 미디어 제국의 반열에 올려놓고 기반을 탄탄히 다져놓았다. 그 결과 미디어 및 엔터테인먼트 업계가 극심한 지각변동을 겪는 와중에도 디즈니 주가는 5배 상승하며 여전히 굳건한 선두 자리를 지키고 있다.

아이거는 〈타임〉에서 선정하는 '세계에서 가장 영향력 있는 100인'에 2015년과 2019년 2회에 걸쳐 선정되었으며, 2019년에는 올해의 기업인으로도 선정된 바 있다. 2020년 2월 은퇴했으나 2022년 11월

이사회의 요청으로 경영 일선에 복귀해 현재 다시 디즈니를 이끌고 있다. 디즈니 이사회는 "산업 변화가 점점 더 복잡해지고 있어 밥 아이거가 회사를 이끌어야 한다는 결론을 내렸다."라고 밝혔다.

애니메이션 빅3 인수를 통해
콘텐츠 품질과 확장 기반 강화

...

아이거는 CEO 선임 직후 전략적 우선사항 3가지를 발표했는데, 그중 첫 번째로 콘텐츠 품질의 중요성을 강조하며 고품질 콘텐츠 창출에 집중할 것을 천명했다. 그는 "점점 더 많은 콘텐츠가 생산되고 배포되는 시대에 다른 무엇보다 중요한 것은 품질이다. 품질의 중요성이야말로 갈수록 부각될 것이 확실하다."라고 강조했다.

CEO로서 주재한 첫 번째 이사회에서는 바로 몇 주 전에 있었던 홍콩 디즈니랜드 개장 행사의 퍼레이드 행렬을 분석했는데, 퍼레이드 행렬에 등장한 캐릭터들은 백설공주, 신데렐라, 인어공주, 라이언킹 등 모두 최소 10년 이상 된 캐릭터들이었다. 이는 최근 10년 동안 디즈니애니메이션 부문에서 성공한 캐릭터를 만들지 못했다는 뜻이며, 실제 그 기간 애니메이션 부문은 4억 달러의 손실을 기록했다.

아이거는 디즈니애니메이션의 콘텐츠 품질 제고를 위해 스티브 잡스가 애플에서 쫓겨나 1986년에 루카스필름으로부터 넘겨받은 픽사^{Pixar}를 2006년 1월에 성공적으로 인수했다. 픽사는 디즈니가 도입하려고 하던 디지털 애니메이션 기술을 이미 영화 제작에 이용하고 있을 만큼 기술적으로 뛰어났고, 대중과 평론가들 사이에서도 디즈니보다 더 좋은 평가를 받고 있었다.

아이거는 당시 "픽사 인수는 디즈니애니메이션을 개혁할 뿐 아니라 디즈니 이사회에 스티브 잡스까지 안겨줄 것이다. 또 픽사가 보유한 탁월한 조직문화와 그들의 넘치는 의욕이 조직 전반에 바람직한 방식으로 반향을 불러일으킬 것이다."라고 확신했음을 저서 『디즈니만이 하는 것』(2020)에서 밝힌 바 있다.

특히 그는 픽사가 가진 창의성과 최첨단 기술의 바탕에는 단순한 유형자산이나 제조자산이 아닌 픽사에 근무하는 사람들이 있다고 생각했다. 그 때문에 인수 시에도 픽사의 독특한 문화를 보호하고 픽사의 일하는 방식과 정체성을 최대한 유지하도록 노력하겠다고 약속하며 스티브 잡스는 물론 픽사의 주요 리더인 존 래시터$^{John\ Lasseter}$와 에드윈 캣멀$^{Edwin\ Catmull}$을 설득했다고 한다. 아이거는 "픽사는 픽사다워야 한다."라는 조건을 먼저 제시할 정도로 픽사의 문화를 해치지 않겠다는 강한 의지를 지켜나갔다.

2009년 8월에는 강렬한 캐릭터와 스토리를 가진 마블 코믹스$^{Marvel\ Comics}$를 인수해 새로운 콘텐츠로의 확장성을 높이고 스토리텔링 기반을 확대했다. 마블 코믹스는 약 7천 개에 달하는 다양한 캐릭터가 하나의 세계관을 구성해 마니아들과 충성 팬들이 탄탄하게 구축된 히어로 장르 전문기업으로서 디즈니와는 성격이 매우 다르다. 아이거는 마블 캐릭터들의 자료를 충분히 조사한 뒤 마블의 세계관에는 대중들이 아직 잘 모르는 심오함이 담겨 있다는 사실을 인지했다. 즉 여러 캐릭터가 서로 얽혀 만들어지는 구성과 시나리오, 디즈니의 놀이공원, 출판, 상품 부문 등에서 마블 콘텐츠 활용 방안 등 거대한 확장 가능성을 발견한 것이다. 인수 이후에는 디즈니와 마블이 각각의 개성을 유지하면서 충분히 독립적으로 운영될 수 있도록 마블의 수장인 아이크 펄머터^{Ike Pulmutter}가 마블의 경영을 계속해서 총괄하도록 했다.

2012년 10월에는 '스타워즈'를 창조한 루카스필름^{Lucas Film}과 루카스아츠^{Lucas Arts}를 인수해 디즈니의 콘텐츠 창출 역량을 더욱 높였다. 루카스필름은 스타워즈의 창시자 조지 루카스의 회사로 스타워즈 시리즈의 모든 판권과 특수효과 사업 부문, 레고 등 라이선스 사업을 가지고 있었다. 당시 조지 루카스는 디즈니에 자신의 회사를 매각하는 것을 망설이고 있었는데 스티브 잡스가 전화를 걸어 "밥 아이거가 픽사를 인수하면서 했던 약속을 지켰고 그는 믿을 만한 사람이다."라고 설득했다고 한다. 인수 3년 후인 2015년 디즈니에서 제작한 스타워즈 시리즈 〈스타워즈: 깨어난 포스^{The Force Awakens}〉는 스타워즈를 디즈니스럽게 망칠 것이라는 팬들의 우려에도 불구하고 좋은 흥행 성적을 거두었다.

아이거는 누구도 상상하지 못했던 대규모 인수합병을 연달아 성공시키면서 부진하던 디즈니를 최고의 미디어 제국으로 만들었다. 〈라이

출처: pressfrom.info

온 킹〉, 〈미녀와 야수〉 등 과거 디즈니의 2D 애니메이션은 물론 〈토
이 스토리〉, 〈니모를 찾아서〉 등 픽사의 3D 애니메이션, '스타워즈 시
리즈'와 '마블 시네마틱 유니버스MCU 시리즈', 가장 최근에는 '아바타
시리즈'까지 모두 보유하고 있다. 그 결과 디즈니는 현대 엔터테인먼
트 산업의 대표 콘텐츠를 모두 손에 쥔 콘텐츠의 왕으로 부활했다. 무
엇보다 이들 콘텐츠는 다음에 설명할 온라인 스트리밍 서비스를 론칭
하기 위한 강력한 무기가 되었다.

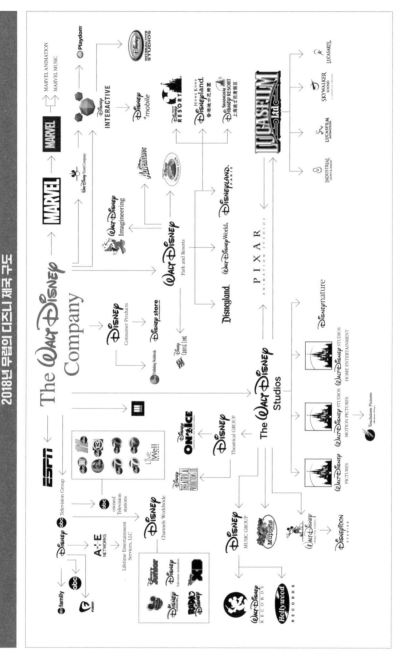

출처: 디즈니, deviantart.com/aristodes

혁신적 IT 기술 도입으로
미디어 업계 지각변동에서 승리

•••

2010년대 즈음 미디어 업계는 기술 변화가 가속화되면서 엄청난 지각변동에 직면해 있었다. 디즈니도 콘텐츠를 새롭고 현대적인 방식으로 소비자들에게 전달해야 했다. 아이거는 이를 위해 플랫폼 기술 기업을 인수하기로 하고, 기업 규모가 크고 합병 의사가 없는 GAAF* 를 제외하고 적절한 인수 대상으로 스냅챗^{Snapchat}, 스포티파이^{Spotify}, 트위터^{Twitter} 3곳을 후보로 검토했다.

검토 결과 2016년 트위터를 최종 인수 대상으로 낙점했는데 글로벌 네트워크를 갖춘 유통 플랫폼으로서 가치가 높아 디즈니가 보유한 영화와 TV프로그램, 스포츠 중계, 뉴스 등을 배급할 수 있는 훌륭한 채널이 될 것으로 기대했기 때문이었다. 하지만 트위터는 인종, 종교, 성별 등과 관련해 타인에 대한 증오를 선동하는 혐오 발언^{Hate Speech}에 대한 통제, 스팸계정 추적 및 관리, 언론 자유 통제, 가짜 뉴스^{Fake News} 등 잠재적 리스크 요인이 있었고, 아이거는 이 점을 우려해 인수 계약 체결 직전에 결정을 철회했다.**

• 구글(Google), 아마존(Amazon), 애플(Apple), 페이스북(Facebook)의 4대 IT 플랫폼 기업
•• 트위터는 2022년 10월 테슬라의 일론 머스크의 손에 들어간다.

트위터 인수 검토와는 별개로 당시 기술 플랫폼 투자의 일환으로 뱀테크^{BAMTech}라는 야구 경기 중계 기술 기업에 지분을 투자하기도 했다. 뱀테크는 메이저리그베이스볼^{MLB}이 지배지분을 보유한 기술 기업으로 야구팬들이 온라인 서비스에 가입해 자신이 좋아하는 팀의 경기를 라이브로 볼 수 있는 스트리밍 기술을 완성한 상태였다. 아이거는 2016년 8월, 뱀테크 지분 33%와 추후 지배지분을 확보할 수 있는 옵션을 10억 달러에 구매하는 계약을 체결하고 디즈니 산하 스포츠 중계 채널인 ESPN 프로그램을 온라인 구독 서비스 형태로 제공하는 방안을 추진했다. 하지만 시장 환경이 워낙 급격하게 변하다 보니 스포츠뿐 아니라 TV 프로그램, 영화 등을 포괄적으로 소비자에게 직접 제공하는 서비스가 시급해졌다.

결국 인수 1년 만인 2017년 8월, 뱀테크에 대한 지배지분 매입 옵션 행사를 앞당겨 본격적으로 디즈니 스트리밍 서비스를 출범하겠다는 포부를 투자자들과의 컨퍼런스콜에서 밝혔다. 사실상 자체 사업 부문의 파괴를 스스로 앞당기며 상당한 수준의 단기적 손실을 감수하는 카니발라이제이션^{Carnivalization}을 선택한다는 의미였다.

예를 들어 자체 스트리밍 서비스를 위해서는 스트리밍 1위 기업인 넷플릭스에서 픽사와 마블, 스타워즈 등 디즈니의 모든 TV 프로그램과 영화를 내려야 한다. 하지만 그렇게 한다면 수억 달러의 라이선스 수익 손실이 발생한다. 이러한 파괴적 혁신에 대한 임직원들의 혼란과 조직 사기 저하를 최소화하기 위해 아이거는 이사회 보상위원회를

출처: 디즈니플러스

설득해 임원 평가와 보상을 기존의 재무성과에 연동하는 정량적 방식이 아닌 스트리밍 서비스 론칭 이니셔티브에 대한 기여도를 정성적으로 평가하도록 바꾸었다. 더 나아가 2018년에는 디즈니 그룹 전체를 '콘텐츠'와 '기술', 그리고 '상품'의 3가지 사업군으로 크게 구분하고 콘텐츠 부문은 창의성에, 기술 부문은 콘텐츠 배포와 수익에 집중하도록 했다.

2019년 11월, 디즈니는 OTT 스트리밍 서비스인 디즈니플러스를 론칭하고 자체 기술 플랫폼을 통해 소비자들에게 직접 콘텐츠를 제공하게 된다. 2022년 10월 기준 전 세계 디즈니플러스 가입자는 약 1억

6,400만 명가량이며, 디즈니 그룹 산하 ESPN플러스, 훌루^{Hulu}◦ 등 다른 OTT 서비스를 모두 합하면 2억 2,100만 명으로 넷플릭스보다 더 많은 가입자를 보유하고 있다.

그동안 디즈니에서는 스튜디오에서 제작하는 영화나 TV 프로그램과 같은 창의적 콘텐츠 영역을 핵심으로 여겼고, 기술 부문은 이를 뒷받침하는 지원 부서쯤으로 생각하는 경향이 강했다. 아이거는 '기술 혁신이 미디어를 제작, 제공하고 경험하는 방식을 재정의한다'라는 통찰력으로 기술을 콘텐츠와 동등하게 중요한 사업으로 인식하고 이를 성공적으로 회사 내에 체화^{Embedding}시켰다. 100년 된 브랜드를 지키면서도 새로운 변화의 최전방에서 끊임없이 변신하고 있는 것이다.

◦ 2007년 디즈니, 폭스(Fox), 컴캐스트(Comcast,) AT&T 등의 미디어 대기업들이 넷플릭스에 대항하기 위해 공동 설립한 스트리밍 전문기업. 2019년 5월에 디즈니가 단독으로 경영권을 확보해놓은 상태였다.

리얼밸류 경영 포인트

유·무형 보유자산 활용

‣ 자산 강화: 픽사, 마블, 루카스필름 등 M&A로 콘텐츠 기반 강화

‣ 자산 결합: 온라인 스트리밍 기술을 적극 도입해 시너지 발휘

‣ 자산 재발견: 강력한 브랜드 파워와 대기업으로서의 자금력과 네트워킹 역량 발휘

경제·환경·사회적 가치 창출

‣ 경제적 가치: 기업규모 확대 및 수익성 제고로 기업 가치 증대

‣ 환경적 가치: 콘텐츠 제작 및 유통 과정의 디지털화로 환경 부담 경감

‣ 사회적 가치: 다양한 온·오프라인 콘텐츠 유통으로 새로운 창작 기회 창출 및 사회의 엔터테인먼트 니즈 충족

헨켈 **카스퍼 로스테드**

위닝컬쳐 장착으로 성장정체 극복

━━━━━━━━━━━━━━━━━━━━━━━━━━━━━━━━

독일 뒤셀도르프에 위치한 헨켈^{Henkel}은 1876년 프리츠 헨켈^{Fritz} ^{Henkel}이 설립한 글로벌 생활용품 및 산업용 접착제 생산기업이다. 국내에서는 세탁세제 퍼실, 모기약 홈매트와 홈키파, 접착제 록타이트 등의 제품으로 잘 알려져 있다.

카스퍼 로스테드^{Kasper Rorsted}는 2005년 HR, 구매, IT 담당 부사장으로 헨켈에 합류한 뒤 3년간의 승계 과정을 거쳐 2008년 CEO로 취임했다. 그가 헨켈을 경영한 8년 동안 회사의 주가는 27유로에서 약 100유로까지 상승해 기업 가치가 3배 이상 증가했다. 시장에서는 로스테드의 탁월한 경영 역량을 높게 평가해 2016년 그가 독일 스포츠 웨어 기업인 아디다스^{Adidas} CEO로 영입된다는 소식이 발표되자 아디다스의 주가 또한 장중 11% 가까이 상승하기도 했다.

독일 헨켈 본사 전경(왼쪽)과 카스퍼 로스테드(오른쪽)

출처: 헨켈 공식 홈페이지, 헨켈 페이스북

2008년 로스테드가 CEO로 취임할 당시 헨켈은 일정 수준의 매출에 안주하는 기업문화로 인해 외부에서는 '행복한 부진아^{Happy Under performer}'라 불리고 있었다. 138년 동안 큰 어려움 없이 안정적인 매출을 유지해오다 보니, 편안하고 가족 같은 분위기에서 모두가 쉬운 목표를 세우고 이를 달성한 것에 자족하는 문화가 만연해 있었던 것이다. 큰 위기가 없으니 직원들이 도전이나 변화의 필요성을 전혀 느끼지 못했고, 2004년부터 2008년까지 전 직원의 95%가 자신의 실적 목표를 달성하고 인센티브를 받았음에도 회사 차원에서는 한 번도 목표했던 실적을 달성하지 못했다.

로스테드의 리얼밸류 경영은 전방위적이었다. 우선 헨켈의 인적

자산을 강화하고 브랜드자산을 재발견했으며 자신의 외부 경험을 결합시켜 체질 개선에 시동을 걸었다. 강력한 비전을 선포하고 전 직원 커리어 개발 체계를 도입해 '이기는 문화Winning Culture'를 구축해나갔다. 또 오랜 역사를 거치며 축적된 '탁월한 기술력'이라는 브랜드자산을 성장의 핵심 레버리지로 활용했고, 자신의 IT 업계 경험과 전문성을 바탕으로 회사의 디지털 역량을 강화하고 온라인 채널을 구축했다.

계량화된 평가와 맞춤형 커리어 개발로
인적자산의 역량 극대화

...

로스테드는 2012년을 목표로 한 도전적인 비전을 수립했다. 당시의 전 세계적 금융위기와 경기침체를 극복하고 2012년까지 4년간 평균 매출성장률 3~5%, 조정 EBIT(이자 및 세전 수익) 마진 14%, EPS(주당순이익) 성장률 10%를 달성하겠다는 야심찬 비전을 선포한 것이다. 이에 더해 사내 커뮤니케이션에 엄청난 공을 들여 회사와 직원 간 목표 의식을 정렬Alignment하는 데 집중했다.

그는 새로운 비전과 핵심가치를 일상 업무에 내재화하기 위해 전 세계 사업장에서 5천 회 이상의 워크숍을 개최했으며, 본인도 임직원들과의 직접 커뮤니케이션을 위해 1년에 170일을 글로벌 사업장에서 보낼 정도로 노력을 기울였다. 로스테드는 2014년 맥킨지^{McKinsey}와의 인터뷰에서 "CEO로서 가장 중요한 것은 회사의 성장전략을 구체적으로 수립하고 전 세계 모든 직원에게 이 전략을 명확히 커뮤니케이션하는 것"이라고 언급한 바 있다.

또한 로스테드는 조직 내 만연해 있는 무사안일주의를 타파하고 직원들의 역량을 개발해나가기 위해 자체적인 재능 관리^{Talent Management} 시스템을 도입해 '이기는 문화'를 구축하는 데 주력했다. 이기는 문화란 경쟁사가 아니라 자기 자신을 이기는 것으로 스스로 높은 목표치를 세우고 이를 달성하기 위해 자발적으로 노력하는 문화를 의미한다.

먼저 직원들이 자신의 현재 상태를 정확하게 알 수 있도록 각자의 재능을 측정해 알려주는 DRT^{Development Round Table} 제도를 도입했다. 여러 부서의 관리자들이 원탁에 모여 앉아 각 직원의 역량을 평가하는 방식이다. 이렇게 하면 한 명의 직원에 대해 다양한 시각에서 그가 가진 재능을 평가할 수 있다. 한 관리자가 자기 부서 직원들의 성과를 요약하면 다른 관리자들이 함께 해당 직원의 잠재력을 측정하는 방식인데, 필요한 경우에는 여러 차례 심층적인 토론을 거쳐 의견을 수렴해나가기도 한다.

이런 과정을 거쳐 직원 한 명 한 명을 4×4=16개의 칸으로 이루어진 재능 측정표의 영역에 분류했다. 가로축은 해당 직원이 지금까지 달성한 성과를 4단계로 구분해 알파벳으로 나타내고 세로축은 관

헨켈이 도입한 DRT 재능 측정표

잠재력		하위(Low) 5%	보통(Moderate) 25%	우수(Strong) 60%	최우수 10%
확실히 우수 1			M1	S1	T1
승진 충분 2			M3	S2	T2
역할 확대 가능 3			M4	S3	T3
현 수준 적합 4		L4	M5	S4	T4

퍼포먼스

배분 비율	하위(Low) 5%	보통(Moderate) 25%	우수(Strong) 60%	최우수 10%

출처: 'Henkel: Building a Winning Culture'(2012.04.24), Harvard Business School

리자들이 판단한 미래 잠재력을 4단계의 숫자로 구분했다. 이때 평가
결과가 한쪽으로 쏠리지 않고 상대적으로 공정하게 자세히 평가할 수
있도록 각 부서 단위, 회사 전체 단위에서 가로축 영역의 비율이 일정
하도록 미리 정해두었다.

또 다양한 업무 경험을 통해 직원들이 보유한 역량의 범위를 확장
시키기 위해 트리플 투Triple Two 프로그램을 실시했다. 이 프로그램은
모든 직원이 2개 국가, 2개 사업 부문, 2개 부서에서 업무를 수행해보
도록 기회를 제공하는 것이다. DRT에서 낮은 평가를 받은 직원들은
전혀 색다른 업무를 경험하면서 보유한 역량의 범위를 넓힐 수 있고,
새로운 역량을 발견할 수도 있다. 더 나아가 하버드 대학 등과 파트너

십을 체결해 우수 인재가 자신의 역량을 지속적으로 업그레이드하고 커리어를 개발해나갈 수 있도록 교육을 지원하기도 했다.

브랜드자산 재조명으로
성장 레버리지화
...

헨켈은 1907년 세계 최초로 세탁 세제 퍼실^{Persil}을 출시해 가정생활에 큰 혁명을 일으켰으며 퍼실은 지금도 유럽에서 가장 유명한 세제다. 퍼실 개발 이후 유럽 가정주부들의 가사노동 시간이 대폭 줄었다고 할 만큼 당시로서는 매우 획기적인 제품이었다. 1969년에는 프리트 스틱$^{Pritt Stick}$이라는 이름으로 세계 최초의 딱풀$^{Glue Stick}$을 시장에 선보였으며, 1997년에는 미국의 산업용 접착제 기업 록타이트를 인수하면서 접착제 분야의 강자로 자리 잡았다. 이처럼 기술 혁신에 지속적으로 투자하고 있었고, 이를 통해 소비자 사업 부문에서는 3년 이내 개발된 제품이 전체 매출의 40%를 차지할 정도였다.

하지만 대외적으로는 경쟁사인 P&G나 3M과 비교했을 때 혁신성이 제대로 알려지지 않는 상황이었다. 세계 최초의 혁신적인 제품을 개발한 독보적인 기술력을 갖춘 기업임에도 불구하고 브랜드자산을 제대로 활용하지 못하고 있었던 것이다.

로스테드 이전에 회사가 지향하는 슬로건은 친구 같은 브랜드[A]

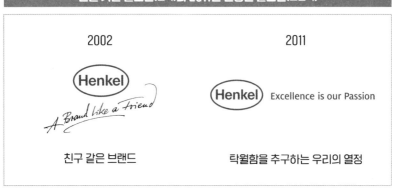

Brand like a Friend였는데, 로스테드는 2가지 이유로 이 슬로건이 헨켈과 더 이상 어울리지 않는다고 판단했다. 첫 번째는 헨켈이 소비재 생활용품에서 출발했지만 이제는 산업용 접착제 사업이 가장 큰 비중을 차지하게 되었기 때문이고, 두 번째는 '친구 같다'라는 말로는 그가 강조하려 했던 '이기는 문화'를 직원 및 고객들에게 제대로 전달할 수 없었기 때문이었다.

로스테드는 헨켈이 가진 혁신의 역사에 주목해 기업브랜드와 슬로건을 새롭게 디자인했다. 이를 통해 회사의 브랜드자산을 재조명하고 이를 시장 확대의 레버리지로 삼고자 했다. 2011년 회사의 새로운 슬로건으로 탁월한 기술력을 강조하는 "탁월함을 추구하는 우리의 열정Excellence is our Passion"을 발표했다.

산업재	소비자 비즈니스	
접착제	뷰티	홈케어

LOCTITE TEROSON TECHNOMELT.

Schwarzkopf SYOSS Dial

Persil Purex all

출처: 'Henkel: Building a Winning Culture'(2012.04.24), Harvard Business School

생활용품 시장에서는 세탁세제 '퍼실' 브랜드가 가진 100년 이상의 역사와 뛰어난 기술력을 앞세워 아시아 등 세계 시장에서 점유율을 확대하는 데 주력했다. 퍼실은 물유리°와 소다를 이용해 만든 최초의 세탁 전용 세제였다. 기존 염소계 세제와 달리 세탁효과가 탁월해 손으로 물리적 힘을 많이 가하지 않아도 되는 혁명적인 제품이었다.

또한 회사가 선도하고 있었던 산업용 접착제 시장에서는 이종 소재 간 결합과 접착 및 여러 복합 기능을 구현할 수 있는 첨단 제품임을 강조하며 기술력 기반의 브랜드자산을 시장에 다시금 각인시키고자 했다. 첨단 산업에서는 접착제의 역할이 매우 중요한데, 볼트-너트 연결이나 각종 용접 등을 대체할 경우 제품을 훨씬 가볍게 만들 수 있

• 이산화규소와 알칼리를 융해해서 얻은 규산나트륨의 진한 수용액

고 모바일 기기의 경우 특수 접착제를 사용해 에너지 소비량을 절감하고 배터리 수명을 증가시키는 효과를 낼 수 있기 때문이다.

한편 그는 '이기는 문화'를 좀 더 명확하게 보여주고 회사의 지향점을 더욱 뚜렷하게 나타내기 위해 업무상 의사결정의 기준이 되어줄 핵심가치를 재정의할 필요가 있다고 생각했다. 그리하여 2009년 6월 최고 경영진을 포함한 주요 임원 134명을 대상으로 사내 설문조사를 실시한 뒤 이 결과를 바탕으로 새로운 비전과 가치가 무엇이 되어야 하는지 토론하는 워크숍을 개최했다. 토론 끝에 기존의 핵심가치 문장 10개를 5개 키워드로 간소화했는데 새로운 5개 키워드로 고객, 인재, 성과, 지속가능성, 가족 기반을 뽑았다.

IT 업계 근무 경험을 결합해
디지털 경쟁력 제고

•••

로스테드는 헨켈에 합류하기 전까지 오라클^{Oracle}, 디지털이큅먼트^{DEC}, 컴팩^{Compaq} 등 다국적 IT 기업에서 경력을 시작했고 이 회사들의 글로벌 사업 분야에서 고위 임원직을 수행했다. 특히 휴렛팩커드^{Hewlett Packard}에서는 수석 부사장 및 EMEA(유럽, 중동 및 아프리카) 사업 부문 총책임자를 역임했다.

그는 IT 업계의 최전선에서 근무했던 경험을 토대로 헨켈에서도 강력한 IT 체계 구축을 적극적으로 추진했다. 회사가 지닌 잠재력을 최대한 발휘하기 위해서는 빠른 의사결정과 정보 전달, 즉 속도가 관건이기 때문에 강력한 IT 체계를 구축하는 데 주력한 것이다. 특히 회사가 성장함에 따라 조직이 복잡해지고 유연성은 떨어지는데 대외적으로 시장의 변동성은 점차 심화하는 여건이었기 때문에 최대한 단순한 구조와 프로세스를 유지할 필요가 있다고 강조했다. 즉 글로벌 프로세스를 표준화하고 공유 서비스 기능을 중앙집중화해 효율을 높이는 것이 중요했기 때문에 이를 지원할 수 있는 IT 체계에 아낌없이 투자했다.

로스테드는 궁극적으로 회사를 '실시간 기업'으로 만드는 것을 목표로 삼았다. 기업 차원의 마스터 데이터관리 시스템을 표준화하고 원자재 가격 예측 모델을 개선하는 등 디지털 역량 강화를 위한 이니셔티브를 추진했으며, 사내 디지털위원회Digital Council을 설립해 디지털 전략을 총괄하도록 했다. 또 당시 헨켈의 주력 제품들은 온라인 쇼핑보다 B2B 거래(접착제) 혹은 대형 유통망(소비재) 중심의 사업구조였음에도 불구하고, 소셜미디어 등 새로운 디지털 채널의 중요성을 조기에 인식했다. 그는 디지털 및 소셜미디어는 소비자가 헨켈의 제품을 바라보고 사용하고 인식하는 방식에 큰 영향을 미치므로 인터넷과 소셜미디어를 통해 고객 인식을 조사하고 고객과의 관계를 구축하는 등 선제적으로 고객을 참여시키는 데 주력했다.

현재 헨켈은 로스테드 시절 CFO를 역임한 카스텐 노벨Carsten Knobel

이 CEO를 맡고 있으며, 2022년 매출 224억 유로, 영업이익 23억 유로, EBIT(이자 및 세전 이익) 마진 10.4%의 실적을 기록했다. 로스테드가 뿌려놓은 리얼밸류 경영의 씨앗이 제대로 뿌리를 내린다면 헨켈은 미국의 3M에 필적하는 혁신기업으로 자리매김하고 인류를 위해 소중한 혁신제품을 지속적으로 선보일 것으로 기대된다.

리얼밸류 경영 포인트

유·무형 보유자산 활용

‣ 자산 강화: 인적자원의 역량과 잠재력 강화

‣ 자산 결합: IT 업계에 근무한 경험과 역량을 결합해 적극적 디지

　　　　털화 추진

‣ 자산 재발견: 혁신적 기술을 보유한 브랜드자산 재조명

경제·환경·사회적 가치 창출

‣ 경제적 가치: 기업 재무실적 개선 및 시장 가치 제고

‣ 환경적 가치: 친환경성 높은 첨단 제품 지속 출시

‣ 사회적 가치: 직원 개인의 잠재력과 커리어 개발을 지원하는 베

　　　　스트 프랙티스 제시

한국 기업의 리얼밸류 혁명을 기대하며

지금까지 해외 선진업체들의 도약을 이끈 20명의 리얼밸류 빅샷을 살펴보았다. 비록 시기와 업종은 서로 다를지라도 이들은 남들이 미처 생각지 못한 독보적인 아이디어와 비즈니스 모델로 거대 기업을 성공적으로 이끌어가고 있다는 공통점이 있다.

스타가 한 명 나오면 그 스타의 성공 비결이 궁금해지는 건 당연지사다. 전 세계 많은 경영학자와 컨설턴트가 이들 스타 CEO의 성공 비밀을 다각도로 밝혀낸 바 있다. 창업 아이디어의 기발함, 실행 전략의 독특함, 경영관리의 탁월함 등이 주로 거론되었으며, 급기야 출생 배경과 성장 과정의 남다름에서 성공의 열쇠를 찾으려는 시도도 있다.

비즈니스 성공 비밀을 파헤칠
공통의 잣대 필요

...

이처럼 수많은 분석에는 나름대로 공감이 가고 가슴 뭉클해지는 부분이 분명 있다. 다만 한 가지 결정적 문제가 있는데, 다양한 성공 사례를 아우르는 공통의 잣대가 없다는 점이다. 아마도 비즈니스 특성상 업종마다 경쟁 방식이 다르고, CEO 개인의 캐릭터도 제각각이며, 이를 분석한 저자들도 각자의 관점으로 바라보았기 때문일 것이다. 그런 이유로 성공한 CEO의 비법을 담은 책들은 겉으로 드러난 사실 전달에는 충실한 반면, 보통 사람들이 따라 할 만한 성공 공식을 일반화해 제시하는 데는 다소 한계가 있다.

스티브 잡스는 인문학적 사고와 완벽한 디자인에 대한 강박관념으로 성공했고, 제프 베조스는 인터넷 시대를 내다본 선견지명 덕분에 성공했다고 한다. 인드라 누이는 건강음료 시장을 개척해 100년 라이벌 코카콜라를 이겼고, 사티아 나델라는 마이크로소프트에 개방형 협업 문화를 이식해 회사를 살렸다고 한다. 여기까지는 좋다. 그럼 범인凡人들은 과연 무엇을 어떻게 해야 성공할 수 있단 말인가? 결국 성공 비서秘書를 통해 성공 초식招式을 발견하리라는 기대는 무기력함만 남긴 채 원점으로 돌아가고 만다.

이 책은 리얼밸류라는 공통의 척도를 가지고 해외 스타 CEO들의 성공 비밀을 일목요연하게 밝혀보려는 시도에서 출발했다. 국가, 업종, 시기에 관계없이 결국 어떤 리얼밸류를 어떻게 창출했느냐가 비즈니스 성공의 A부터 Z까지를 결정짓는다고 본다. 좀 더 구체적으로 유·무형 자산을 어떤 방식으로 활용했는지(강화·결합·재발견), 그리고 이로부터 어떤 가치를 끌어냈는지(경제·환경·사회적 가치)에 주목해서 20명 CEO의 성공 패턴을 살펴보았다. 책에서 제시한 리얼밸류 캔버스의 3×3, 총 9개의 빈칸을 어떻게 채우느냐가 곧 사업전략이 되고 비즈니스 모델이 된다. 그 내용의 창의성, 일관성, 지속성이 결국 사업의 성패를 가른다.

20세기에 접어들면서 경영 환경이 갈수록 복잡하고 변덕스러워지고 있다. 한순간도 위기가 아닌 때가 없을 정도다. 놀라운 사실은 모두 어렵다고 아우성치는 이런 환경에서도 마치 다른 별에서 온 사람처럼 묵묵히 소기의 성과를 거두고 있는 기업가들이 있다는 점이다. 이 책이 척박한 경영 여건에서도 회사의 이윤 창출은 물론 인류 사회에 큰 선물과 경이를 안겨준 스타급 CEO들의 경로를 한눈에 비교하고 이해할 수 있는 일종의 가이드북 역할을 해주리라 믿는다.

한국 기업의 성장사史는
리얼밸류 창출의 역사

•••

성공한 해외 CEO들을 분석하는 것에서 한 걸음 더 나아가 이 책이 한국 기업들의 초고속 성공 비결을 리얼밸류라는 새로운 시각에서 바라보고, 앞으로의 미래를 향한 또 다른 성공 경로를 제시하는 데도 기여할 수 있기를 바란다.

우리나라 기업들은 일제 식민강점기와 6·25 전쟁의 상흔을 딛고 1960년대 이후 정부의 경제개발계획과 발맞춰 전력 질주해왔다. 그 결과 그토록 원했던 '잘살아보세'의 꿈을 이룰 수 있었고, 세계적인 스타 기업들을 다수 배출해냈다. 국가 경제 순위도 1950년대 전 세계 최하위에서 2000년대 10위권으로 도약했다. 전 세계에서 유일하게 개발도상국에서 선진국의 반열에 올랐으며, 국제 사회에서 원조를 받던 국가에서 원조를 주는 국가로 변신했다. 교육 수준이 높아지고 민주주의가 정착되는 등 사회적으로도 큰 성취를 거두었다. 리얼밸류가 창출된 것이다.

다만 부작용이 따랐다. 1960년대 절대 빈곤의 시대에는 먹고사는 문제, 즉 경제적 가치가 최상의 리얼밸류였고, 그 외의 가치에 눈을 돌릴 이유나 여유가 없었다. 그러나 사회가 발전하면 기업에 대한 기대와 눈높이도 변하기 마련이다. 고지식하게 과거에 해왔던 방식을 그대로 고수하며 성장지상주의에만 매달린 결과 공든 탑이 무너지는 아픔은 필연적이었다.

그 정점이 1997년의 IMF 외환위기 사태였다. 한 마디로 이윤지상주의의 부작용이 응축되어 터져버린 것이라 할 수 있다. 이미 성수대교 붕괴(1994)나 삼풍백화점 붕괴(1995)와 같은 사전 조짐이 있었으나 큰 궤도를 수정하기에는 역부족이었고 결국 IMF 환란을 피하지는 못했다.

리얼밸류 경영은
한국 기업의 가치 제고와 미래 개척의 돌파구
...

IMF 사태를 겪으며 우리 기업들은 지배구조 개편, 부실 사업 정리 등 과거 기업 경영의 잘못된 관행과 비상식을 하나씩 교정해가면서 이제 진정한 글로벌 선진기업으로 자리 잡아가고 있다. 외국에 나가 보면 '코리아^{Korea}는 아시아 어딘가에 있는 나라인가 보다.'라고 생각 하지만(사우스^{South}와 노스^{North}가 있어 더 헷갈린다.), 삼성, LG, 롯데, 한화 등 대기업 이름과 브랜드에는 친숙한 외국인들이 많다.

업종이 B2B인 탓에 대중적인 지명도는 다소 떨어지지만 2018년 에 100년 기업을 향한 새로운 경영이념으로 기업시민$^{Corporate\ Citizenship}$ 을 표방한 포스코나 역시 2018년에 경제적 가치와 사회적 가치를 포 괄하는 더블보텀라인$^{Double\ Bottom\ Line}$ 경영을 선언한 SK 등도 한국을 대 표하는 기업이다. 그 외 많은 중견기업이 알파벳 '케이^{K}'로 시작하는 다양한 한류를 일으키면서 국가의 품격을 높여가고 있다. IMF 사태 이전처럼 경제적 가치에만 함몰되지 않고 나름의 방식과 내용으로 글 로벌 사회를 위해 좋은 제품과 서비스를 제공하고, 그 과실을 정당하게 나눠온 결과라고 이해된다.

기업 경영은 종종 등산에 비유된다. 정상에 오르기까지 긴 시간의 고단함과 정상에 올랐을 때의 희열이 기업을 설립해서 목표를 향해 나아가는 과정과 비슷하기 때문일 것이다. 그런데 아무리 산을 좋아하는 사람도 등산의 즐거움을 제대로 만끽하려면 어느 산을 오를지, 어떻게 오를지, 그리고 왜 오르는지에 대해 신중하게 생각하고 발을 떼야 한다.

의욕이 앞서 무작정 걸음을 떼다 보면 도중에 지치거나 다쳐 정상에 도달하지 못하고 중도 포기해야 할 수도 있고, 정해진 등산코스를 놔두고 좀 더 빨리 가겠다고 빽빽한 숲길이나 바위투성이 계곡 길을 택하면 등산의 즐거움은커녕 고생만 하게 될 수도 있다. 책에서 제시한 리얼밸류 경영은 현재의 시대정신에 부합하는 등산의 이유(경제·환경·사회적 가치 창출)와 즐겁게 정상에 오를 수 있는 등산 루트(유·무형 자산의 강화, 결합, 재발견)를 제시하는 안내서라고 이해할 수 있겠다.

동네 야산이라면 혼자 다녀와도 그만이겠으나, 점점 더 높은 산에 도전하게 된다면 누군가 함께 가야 한다. 리얼밸류 경영은 기업 혼자만이 아니라 관련된 이해관계자를 생각의 틀 안으로 들여와 공존 공생의 가치를 추구하는 것이다. 주위 사람들과 밀어주고 끌어주며 함께 정상을 밟아야 더 큰 보람을 느낄 수 있다. 이 책이 오르막과 내리막에서 흔들리지 않고, 샛길과 갈림길에서 당황하지 않게 하는 나침반이 되어주기를 바란다.

책을 마무리하면서 이 책에서 소개하는 리얼밸류 경영이 한국 기업들이 진정한 선진기업으로 자리 잡고 100년, 200년 넘어 오랫동안 지속 성장하는 데 미력하나마 도움이 될 것이라는 희망을 품어본다. 포스코그룹이 2022년 3월 지주사 체제 출범 이후 지금까지 1년여 동안 추진해오고 있는 리얼밸류 경영의 경험이 이러한 여정의 좋은 길잡이가 되어줄 것으로 확신한다.

‣ 포스코홀딩스, 기업시민보고서, 2023년 7월

‣ 포스코 기업시민보고서 'Building a Better Future Together', 2023년 6월

‣ 포스코경영연구원, '포스코그룹 리얼밸류 스토리', 2022년 2월

‣ 포스코경영연구원, '포스코 이차전지소재 리얼밸류 스토리', 2023년 1월

‣ 포스코경영연구원, '더 큰 그룹가치 창출을 위한 리얼밸류 경영', 2023년 4월

1장 인류를 위한 선물, 선지자형 빅샷

1. 애플 스티브 잡스

‣ 머니투데이, "애플 발명한 건 없다…단지 찾고 조합했을 뿐", 2010.06.18

‣ 한국경제, "커지는 무선이어폰 시장…'에어팟' 독주 체제, 삼성은 3위", 2022.03.10

‣ BBC NEWS 코리아, "애플, '아이팟' 단종 발표…잡스의 유산 21년만에 사라진다", 2022.05.11

‣ DBR, "Catch Me If You Can 전략: 스티브 잡스가 세상을 바꾼 비결", 신동엽 교수의 경영 거장 탐구, 91호(2011년 10월 Issue 2)

‣ DBR, "경쟁사가 빠른 출시와 스펙에만 빠질 때 고객 불편 덜어주는 '애플스러움'에 집중", 309호 (2020년 11월 Issue 2)

‣ CNET, Rodger Cheng, "Inventing the iPod: How 'really big risks' paid off for Apple", 2021.10.23

‣ Smithsonian Magazine, Walter Isaacson, "How Steve Jobs' Love of Simplicity Fueled A Design Revolution", 2012.09

2. 테슬라 일론 머스크

‣ 다케우치 가즈마사 저/이수형 역, 『엘론 머스크, 대담한 도전』, 비즈니스북스, 2014

- 에드워드 니더마이어 저/이정란 역, 『루디크러스』, 빈티지하우스, 2021

- 포브스 코리아, "1900년대 초 전기차 몰락의 교훈", 201911호(2019.10.23)

- CompaniesMarketcap.com(기업별 시가총액 정보 제공 사이트)

- Financial Times, "Tesla's battery tech director Kurt Kelty departs", 2017.08.02

- www.tesla.com/blog, "Tesla Motors Announces Senior Engineering and Manufacturing Executives", 2010.04.20

3. 아마존 제프 베조스

- 디지털 인사이트, "트렌드데이터가 모든 것을 지배하는 곳, 아마존닷컴", 2020.03.30

- 박찬재, "창고 넘은 아마존, 풀필먼트가 커머스의 미래인 이유", CLO, 2017.11.30

- 인터비즈, "아마존이 회의 때마다 빈자리를 두는 이유", 윤정원의 디지털 트렌드, 2021.08.06

- 포브스 코리아, "아마존의 무한질주: 창업자 제프 베조스 독점 인터뷰", 201810호(2018.09.23)

- 헤이블로거, "아마존 풀필먼트, 물류창고에서 진화한 이커머스"(heyblogger.tistory.com/16)

- CIO, "2002년부터 현재까지 굵직한 사건으로 본 AWS 역사", 2019.03.13

- IT동아, "[IT인물열전] 차고에서 우주까지, 제프 베조스", 2021.07.10

4. 넷플릭스 리드 헤이스팅스

- 넷플릭스 – 위키피디아

- 리드 헤이스팅스, 에린 마이어 저/이경남 역, 『규칙 없음』, 알에이치코리아(RHK), 2020

- 에미상 홈페이지 '하우스 오브 카드'(www.emmys.com/shows/house-cards)

- 인베스트조선, "넷플릭스는 오징어게임에 '불공정'했나", 2021.10.08

- BUSINESS INSIDER, "Netflix will literally pay you to binge-watch movies and TV shows and come up with category names", 2018.03.29

- WIRED, "The Science Behind the Netflix Algorithms That Decide What You'll Watch Next", 2013.08.07

5. 스타벅스 하워드 슐츠

‣ 더밸류즈 정진호가치관경영연구소, "스타벅스가 10년 만에 또 문을 닫았다, 가치관경영 챙겨라", 2018.04.18

‣ 매일경제, "스타벅스만의 이미지를 구축한 워드 슐츠(Howard Schultz)…커피를 통해 인간 존중과 소통의 경험을 판다", 2017.11.22

‣ 이투데이, "돌아온 슐츠 "스타벅스 직원 복지 혜택에 노조는 뺀다"", 2022.04.14

‣ 조선비즈, "기울어 가던 '커피 제국'… 창업자가 돌아와 되살렸다", 2010.04.17

‣ 조선일보, "스타벅스 고객예치금 2.3조원, 일반은행 2배… 이제 모두가 경쟁자", 2021.09.17

‣ 티타임즈TV(유튜브), "스타벅스의 웹3 전략 '오디세이' 총정리", 2022.10.25

‣ 티타임즈TV(유튜브), "하워드 슐츠는 왜 NFT를 들고 컴백했을까?", 2022.05.25

‣ IT동아, "[CEO 열전: 하워드 슐츠] 가난한 노동자의 아들… 커피 제국 '스타벅스'를 세우다", 2018.06.19

‣ CoinCulture, "Starbucks Looks To Launch Its Own Nfts By The End Of 2022", 2022.04.16

‣ Forbes, "Starbucks Founder Schultz Coming Back As Interim CEO After Johnson Retires", 2022.03.16

2장 비즈니스의 품격, 수도자형 빅샷

6. 파타고니아 이본 쉬나드

‣ 비건뉴스, "아르헨티나, 연어 양식 금지하는 최초 국가", 2021.07.05

‣ 은하맨숀 브런치 스토리, "파타고니아 프로비전", 2021.08.04

‣ 이본 쉬나드 저/이영래 역, 『파타고니아, 파도가 칠 때는 서핑을』, 라이팅하우스, 2020

‣ 티타임즈, "월가는 파타고니아 교복 입지마라!", 2019.04.11

‣ 파타고니아 홈페이지 www.patagonia.com

‣ 한국경제, "이본 쉬나드 파타고니아 CEO "환경 위해 우리 옷 사지 마라"…재고 쌓여도 유기농 원단 고집", 2013.11.22

‣ The Guardian, "Yvon Chouinard – the 'existential dirtbag' who founded and gifted Patagonia", 2022.09.18

‣ The New York Times, "Billionaire No More: Patagonia Founder Gives Away the Company", 2022.09.14

7. 유니레버 폴 폴먼

‣ 뉴스1, "유니레버는 '착해서' 베트남서 성공했을까…사회적 가치는 '전략'", 2019.12.05

‣ 동아일보, "당신의 회사 덕분에 세상이 좀 더 나아졌나요? [광화문에서/김창덕]", 2021.10.08

‣ 매경이코노미, "[경영칼럼] 美 빅브랜드 수난의 시대 中企 인수·벤치마킹하라", 2019.01.14

‣ 옥스팸 인터내셔널 홈페이지 oxfam.org

‣ 유니레버 홈페이지 unilever.com

‣ 이투데이, "[글로벌 숙명의 라이벌 막전막후] 생활용품시장 공룡 'P&G' … 유일한 대항마 '유니레버'", 2013.05.29

‣ Food Business News, "Unilever to divest only part of its tea portfolio", 2020.07.28

8. 세일즈포스 마크 베니오프

‣ 니라닷컴 홈페이지 nira.com/salesforce-history

‣ 데이터넷, "세일즈포스닷컴, 통합 온디멘드 마켓플레이스 서비스 발표", 2006.12.14

‣ 세일즈포스닷컴 트레일헤드 홈페이지 trailhead.salesforce.com/ko

‣ 전자신문, "【창간기획】 세일즈포스닷컴의 마크 베니오프", 2011.09.19

‣ 포브스코리아, "[글로벌 CEO 7인의 경영철학] 마크 베니오프 세일즈포스 CEO", 201903호 (2019.02.23)

‣ 한국경제, "[IGM과 함께하는 경영노트] 창업 10년만에 전세계 기업고객 6만개", 2009.11.18

‣ DBR, "얼마나 투명하고, 수평적이고, 민첩한가? 회사 내 조직문화가 디지털 혁신의 첫발", 291호 (2020년 2월 Issue 2)

9. 스포티파이 다니엘 에크

- ‣ 스포티파이 포 아티스트(Spotify for Artist) 홈페이지 artists.spotify.com/ko/blog/S4A-all-together-now

- ‣ 요즘IT 위시켓, "세계 1위 음원 스트리밍, '스포티파이'가 당신에게 노래를 추천하는 법", 2020.01.16(yozm.wishket.com/magazine/@wishket)

- ‣ 티타임즈, "재능도 카리스마도 없다는 스포티파이 창업자의 리더십", 2021.03.09

- ‣ 포브스코리아, "스포티파이, 음악의 경계를 넘어서다", 202202호(2022.01.23)

- ‣ 한국경제, "[Global CEO & Issue focus] 세계 1위 음악 스트리밍 서비스… 스포티파이 다니엘 에크 창업자 겸 CEO…", 2018.02.01

- ‣ IT동아, "[CEO 열전: 다니엘 에크] 침체된 음악 시장 살려낸 천재 사업가… 음악은 돈 안된다는 편견 부술 수 있을까", 2018.04.30

- ‣ Spotify Labs(2015.11.18), "Spotify 의 Discover Weekly 가 성공적으로 되기까지(번역본, medium.com/디지털-음악-서비스-만드는-생각/spotify-의-discover-weekly-가-성공적으로-되기-까지-189c85ca9174)

10. 화이자 앨버트 불라

- ‣ 앨버트 불라 저/이진원 역, 『문샷: 불가능을 가능으로 만든 화이자의 대담한 전략』, 인플루엔셜, 2022

- ‣ 연합뉴스, "美 화이자 8년만에 수장교체…새 CEO에 앨버트 불라", 2018.10.02

- ‣ 화이자 홈페이지 pfizer.com/newsroom

- ‣ Business Wire, "Pfizer and BioNTech Celebrate Historic First Authorization in the U.S. of Vaccine to Prevent COVID-19", 2020.12.11

- ‣ Harvard Business Review, "The CEO of Pfizer on Developing a Vaccine in Record Time", 2021 May-June

- ‣ McKinsey&Company, "How digital helps a life sciences leader move at light speed", 2022.05.31

- ‣ McKinsey&Company, "Pfizer's mix of science and grit alters the course of its COVID-19 response", 2021.09.20

‣ \Public Health Foundation, "FAQs on the Pfizer Vaccine: Shipping, Handling, Preparation, and Administration", 2020.12.16

‣ The New York Times, "How to Ship a Vaccine at -80°C, and Other Obstacles in the Covid Fight", 2020.09.18

3장 가치를 보는 안목, 개척자형 빅샷

11. 펩시 인드라 누이

‣ 브런치(brunch.co.kr/@yooncohg/132), "내가 가진 모든 것은 어머니 덕분이다", 2019.09.22

‣ BeverageDaily, "IndraNooyi: Five lessons I've learned as PepsiCo CEO", 2018.10.03

‣ Boston Consulting Group, "Indra K. Nooyi on Performance with Purpose", 2010.01.14

‣ Fast Company, "How PepsiCo CEO Indra Nooyi Is Steering the Company Toward A Purpose-Driven Future", 2017.01.09

‣ Forbes, "World's 20 Most Powerful Moms", 2012.05.10

‣ Harvard Business Review, "Becoming a Better Corporate Citizen", 2020 Mar-Apr

‣ HBR Video Series 'The New World of Work', "Indra Nooyi, Former CEO of PepsiCo, on Nurturing Talent in Turbulent Times", 2021.11.05

‣ MarketingWeek, "Incoming PepsiCo supremo urges job rival not to leave", 2006.08.24

‣ Talks at Google(유튜브), "Indra Nooyi | My Life in Full: Work, Family, and Our Future", 2021.12.01

12. 나이키 한나 존스

‣ 나이키 홈페이지 www.nike.com

‣ 어스샷 프라이즈(Earthshot Prize) 홈페이지 earthshotprize.org

‣ Elle Korea, "나이키가 보여준 스포츠의 미래", 2020.02.11

‣ GreenBiz, "Hannah Jones and Nike's innovation juggernaut", 2013.06.25

‣ Harvard Business Review, "The Path to Corporate Responsibility", 2004.12

‣ Rebecca Henderson, 『Reimagining Capitalism in a World on Fire』, PublicAffairs, 2020

‣ Stanford SOCIAL INNOVATION Review, "15 Minutes with Hannah Jones", 2007 Fall

‣ The Guardian, "How Nike Flyknit revolutionized the age-old craft of shoemaking", 2013.11.27

13. 마이크로소프트 사티아 나델라

‣ 매일경제, "'잠자던 공룡' MS 깨운 사티아 나델라 CEO, 모바일 버리고 클라우드 택한 게 신의 한 수", 2019.01.07

‣ 이코노미조선, "세력다툼으로 병든 조직에 '문화 르네상스' 일으켰다", 278호(2018.12.08)

‣ 이코노믹리뷰, "[BIZ 인사이드] MS 이유 있는 질주, 거인의 부활?", 2018.06.15

‣ 조선비즈, "'잠자는 공룡' MS를 춤추게한 나델라 CEO", 2019.11.10

‣ 테크수다, "[Redhat Summit 2019] ⑤ 사티아 나델라 MS CEO가 동쪽으로 간 까닭은", 2019.05.08

‣ 하버드비즈니스리뷰, "[Interview] 사티아 나델라 MS CEO가 말하는 유연근무", 2022.05.31

‣ 한겨레, "MS "더이상 등급 없다" 인사 상대평가제 폐지", 2013.11.13

‣ 한겨레, "MS "오픈소스를 사랑합니다"…오픈소스 코스프레?", 2016.11.30

‣ 한국경제, "사티아 나델라 마이크로소프트 CEO, 위기에 빠진 'IT공룡' 구원투수", 2014.05.09

‣ Bloomberg, "Why You Don't Want to Be Microsoft CEO", 2014.01.31

‣ Fast Company, "Satya Nadella Rewrites Microsoft's Code", 2017.09.18

14. 쓰리엠 마이크 로만

‣ 3M News Center, "Embedding Sustainability into every new product", 2020.09.08

‣ 3M News Center, "Innovating Outside the Box: The Team Behind One of TIME's Best Inventions", 2019.11.21

‣ 3M News Center, "Introducing 3M's New Periodic Table of Technology Platforms", 2019.05.20

‣ Accenture, "Innovation with impact at 3M", 2020.11.19

‣ C&EN, "3M's chief sustainability officer, Gayle Schueller, on how her company is embracing the circular economy", 2019.08.25

‣ Forbes, "How The Pandemic Changed 3M's Approach To Innovation", 2020.12.29

‣ Strategic Sustainability Framework(3m.com/3M/en_US/sustainability-us)

‣ The Washington Post, "Green Machine: How 3M combines innovation, collaboration and determination to drive sustainability", 2022.10.12

‣ TIME Best Inventions 2019(time.com/collection/best-inventions-2019)

15. TSMC 모리스 창

‣ 상업주간 저/차혜정 역/정인성 감수, 『TSMC 반도체 제국』, 이레미디어, 2021

‣ 서울경제, "'車반도체 우군' 늘리는 TSMC…현대차·삼성은?", 2022.07.17

‣ 안될공학(유튜브), "TSMC가 세계 1위 반도체 파운드리 기업이 될 수 있었던 이유는? 반도체 CEO 전설 모리스 창", 2022.10.11

‣ 연합뉴스, "대만 TSMC도 내달 3나노 양산…삼성전자-TSMC 기술경쟁 불붙는다", 2022.08.22

‣ 전황수·김현탁·노태문, "TSMC 반도체 기술 동향 및 성공요인 분석", 정보통신기획평가원 주간기술 동향 2012호(2021.09.01)

‣ 티타임즈TV(유튜브), "56살 창업해 630조원 반도체 회사 만든 모리스 창 스토리", 2021.10.22

‣ 포브스 코리아, "TSMC 성장의 힘", 202207호(2022.06.23)

‣ 황용식, "대만 IT산업의 성장과 발전 원인에 관한 분석", 기술혁신연구, 2010

‣ e4ds news, "TSMC 인재·기술력·정부지원 3박자로 세계 1위", 2021.09.17

16. 소니 히라이 가즈오

‣ 중앙일보, "소니의 DNA를 깨우겠다 … 전자 부문 부활 선언", 2012.04.13

‣ 한국경제, "'6두품 이방인'은 어떻게 만년적자 소니를 부활시켰나 [정영효의 일본산업 분석]", 2022.01.23

‣ 히라이 가즈오 저/박상준 역, 『소니 턴어라운드』, 알키, 2022

‣ IT동아, "[IT CEO 열전] 무너진 전자왕국 소니를 재건한 소니맨, 히라이 가즈오", 2017.06.19

‣ Engadget, "Sony's Life Space UX demo envisions projectors, screens everywhere", 2014.01.08

‣ Reuters, "Sony CEO Hirai to step down, turnaround ally Yoshida to take helm", 2018.02.01

17. 버버리 안젤라 아렌츠

‣ DBR, "'트렌치 혁명+밀레니얼 타기팅=젊은 名家', 버버리, 디지털 혁신기업으로 대변신", 200호 (2016년 5월 Issue 1)

‣ Bain&Company, "How Burberry Won Over Millennials", 2015.12.07

‣ Elle, "How Christopher Bailey Reimagined Burberry's Iconic Trench Coat", 2017.11.04

‣ Forbes, "How Fashion Retailer Burberry Keeps Customers Coming Back For More", 2013.10.28

‣ Harvard Business Review, "Burberry's CEO on Turning an Aging British Icon into a Global Luxury Brand", 2013 Jan-Feb

‣ Harvard Business Review, "Digital-Physical Mashups", 2014.09

‣ The Guardian, "Burberry checks out crowdsourcing with The Art of the Trench", 2009.11.09

18. 애플 팀 쿡

‣ DBR, "'트렌치 혁명+밀레니얼 타기팅=젊은 名家', 버버리, 디지털 혁신기업으로 대변신", 200호

(2016년 5월 Issue 1)

▸ Bain&Company, "How Burberry Won Over Millennials", 2015.12.07

▸ Elle, "How Christopher Bailey Reimagined Burberry's Iconic Trench Coat", 2017.11.04

▸ Forbes, "How Fashion Retailer Burberry Keeps Customers Coming Back For More", 2013.10.28

▸ Harvard Business Review, "Burberry's CEO on Turning an Aging British Icon into a Global Luxury Brand", 2013 Jan-Feb

▸ Harvard Business Review, "Digital-Physical Mashups", 2014.09

▸ The Guardian, "Burberry checks out crowdsourcing with The Art of the Trench", 2009.11.09

19. 디즈니 밥 아이거

▸ 디즈니 홈페이지 thewaltdisneycompany.com/about

▸ 로버트 아이거 저/안진환 역, 『디즈니만이 하는 것 THE RIDE OF A LIFETIME』, 쌤앤파커스, 2020

▸ CNBC, "14 years, 4 acquisitions, 1 Bob Iger: How Disney's CEO revitalized an iconic American brand", 2019.08.06

▸ CNBC, "Bob Iger returns as Disney CEO, replacing Bob Chapek after a brief, tumultuous tenure", 2022.11.20

▸ FORTUNE, "Disney CEO Bob Iger's Empire of Tech", 2014.12.29

▸ The New York Times, "Disney to Buy Comcast's Hulu Stake and Take Full Control of Streaming Service", 2019.05.14

20. 헨켈 카스퍼 로스테드

▸ 매경이코노미, "[GLOBAL] 접착제 세계 1위 '헨켈'의 장수 비결⋯여성 간부 키우고 인재는 입도선매", 2013.11.04

▸ 아주경제, "아디다스, 나홀로 주가 상승…"베테랑 CEO 영입 작전 주효"", 2016.01.19

‣ 한국경제, "[Global CEO & Issue focus] 카스퍼 로스테드 아디다스 CEO", 2018.02.22

‣ 헨켈 홈페이지 www.henkel.com

‣ Egon Zehnder, "Kasper Rorsted – The value drive", 2017.01.01

‣ Harvard Business School, "Henkel: Building a Winning Culture", 2012.04.24

‣ McKinsey&Company, "'Get the strategy and the team right': An interview with the CEO of Henkel", 2014.02.01

리얼밸류
빅샷 20

초판 1쇄 발행 2023년 9월 7일

지은이 박용삼 우정헌 민세주
펴낸곳 원앤원북스
펴낸이 오운영
경영총괄 박종명
편집 최윤정 김형욱 이광민 김슬기
디자인 윤지예 이영재
마케팅 문준영 이지은 박미애
디지털콘텐츠 안태정
등록번호 제2018-000146호(2018년 1월 23일)
주소 04091 서울시 마포구 토정로 222 한국출판콘텐츠센터 319호 (신수동)
전화 (02)719-7735 | **팩스** (02)719-7736
이메일 onobooks2018@naver.com | **블로그** blog.naver.com/onobooks2018
값 18,000원
ISBN 979-11-7043-442-9 03320